教育委員会の挑戦

「未然防止への転換」と「組織で動ける学校づくり」

編著 河村茂雄
協力 三重県教育委員会

図書文化

ごあいさつ

三重県教育委員会教育長　真伏秀樹

　本書のはじめに，本県教育委員会と県内3市教育委員会の取組みを中心に書かれた『教育委員会の挑戦』（早稲田大学河村茂雄教授編著）の出版に際し，教育委員会を代表いたしまして，ごあいさつ申し上げます。

　平成22年12月，三重県教育委員会では，教育ビジョンを12年ぶりに全面改定し，10年先を展望した新たな教育の基本指針「三重県教育ビジョン　～子どもたちの輝く未来づくりに向けて～」を策定したところです。

　教育の使命とは，子どもたちが主体的・創造的に生き，社会に参画し，人生を豊かなものにすることができるよう，子どもたちの持つ大いなる可能性を引き出し，成長を促していくことにほかなりません。

　「三重県教育ビジョン」では，これを「子どもたちの輝く未来づくり」と表現していますが，そのために何ができるのか，まさにそれが教育の原点でなければならないと思います。その実現のためにも，ビジョンの基本理念に掲げられている「子どもたちを信じる（子どもたちの目線に立つ）」「県民総参加で教育に向き合う」という「2つの決意」を，私たちの「中心軸」として大切にしていきたいと考えています。

　具体的には，まず子どもたちの育つ力を信じ，一人ひとりの子どもを大切にする，「子ども目線の教育」を進めます。

　次に，学校・家庭・地域が一体となった「県民総参加の教育」が進むよう，必要な取組を積極的に推進していきます。

　今，教育課題が複雑・多様化し，学校だけでは解決できない問題が増えつつあるなかで，子どもたちの豊かな成長に向けて，家庭・地域・関係機関の総力を結集して，これまで以上に連携・協働して教育にあたりたいと考えています。

　そのためには，学校・家庭・地域が単に役割を明確に分担するのではなく，

相互に歩み寄り，補いあい，高めあえる関係になることが大切であると思っています。

もちろん，そのためには学校も変わらないといけません。学校の自己改革をさらに進め，教職員の意識向上を図り，そして「開かれた学校づくり」をぜひとも実現していく所存です。

去る3月11日，東日本大震災が発生し，日本中が深い悲しみに包まれました。一刻も早い復興を願うばかりですが，その中で，子どもたちを命がけで守り，とてつもない逆境の中で教育活動を続けられている先生方や地域の人々の姿を拝見して，胸が熱くなる思いがしています。

未来を支えていくのは，まぎれもなく今の子どもたちです。

そして，「子どもたちの輝く未来づくり」に取り組む教育の営みは，これからの社会を考えるうえでの最重要課題であると考えます。

本書は，そういった意味でも「それぞれの立場で何ができるか」「いかに学校の自律性を高めるか」「教育委員会と学校の協働の在り方」等について提起されたものであると感じております。

本書が全国のさまざまな教育関係者に読まれ，子どもたちのために精一杯取り組んでいくことのきっかけになれば，と感じております。

刊行に寄せて

　　　　　　　　　　　　　　　前 三重県教育委員会教育長　　向井正治

　このたび，早稲田大学教育・総合科学学術院の河村茂雄教授のお力を大いにお借りして，三重県教育委員会の取組みが本書にまとめられました。ひとつの地方県である三重県に注目して，専門家の視点から分析していただいたことは，三重県の教育にとって大変意義深いことであります。この誌面を借りて，まずは河村教授に謝意を申し上げます。

　本県は，教育に取り組む基本的な考え方として，平成16年度から三重県型「学校経営品質」を取り入れています。これは，経営品質の考え方を，学校経営になじむ形で導入したものです。各学校がめざす学校像を明らかにし，強みと弱みを把握し，目標を定めて，改善を続けることで，よりよい学校を創造するものです。

　学校に「経営」という考え方を導入することには，当初さまざまな批判もありました。しかし，「顧客本位」の視点を大切にしながら，徹底した「対話」により，取組みを進めてきたところです。

　また，平成22年12月には，三重の教育の指針となる「三重県教育ビジョン～子どもたちの輝く未来づくりに向けて～」が出来上がりました。これは，三重県の教育の今後（平成23年度から）10年を見通したビジョンと，5年間の実施計画を記したものです。

　ビジョンの中心は，時代を越えた教育の「不易」のテーマ，「子どもたちの成長」です。どのような時代にあっても守り通さなければならない教育の真髄を，「子どもたちの大いなる可能性を引き出し，育んでいくこと」と表現し，基本理念としました。そして，教育に携わるものを常に念頭に置いてもらいたい考え方を，「二つの決意」として盛り込んでいます。

　一つめは，「子どもたちを信頼する」「子どもたちの目線に立つ」ことです。二つめは，「県民総参加で教育に向き合う」ことです。

河村教授には，本県教育委員会事務局生徒指導・健康教育室の事業を中心に，平成17年度よりかかわっていただきました。特に本書で取り上げられている「生徒指導・進路指導総合推進事業（問題を抱える子ども等の自立支援に関する調査研究）」（平成22年度事業名）は，河村教授のお力がなければ推進することができなかったといっても過言ではありません。

　この事業の中で河村教授は，「各学校の先生方の教育実践を捉える尺度は『子ども自身』である」と語られました。この言葉は，さきに述べた本県の「二つの決意」のうちの一つである，「子どもたちの目線に立つ」ことそのものであると思います。また，本事業の取組みを進めるにあたり，学校運営について，「学校運営を行うには『①実態の共有』を行い，『②目標を共有』したうえで，『③そのために何をするか』について進めていくことが重要である」とも，おっしゃっています。これについても，本県が進めてきました「学校経営品質」そのものの活動であると思います。

　本県がこれまで，そしてこれからも大切にしていこうとするものと同じ方向性をもってご指導いただけたことに，心より感謝いたします。

　河村教授に専門家の視点から客観的に三重県の取組みについて記述していただきました本書は，同時に，河村先生のこれまでの活動や調査研究によって培われた知見を基盤として，今後，教育委員会・学校そして教職員がどのように連携し，取り組んでいけばよいのかを，「三重県の活動を通して」述べていただいたものであると捉えております。単に三重県の取組みだけにとどまらず，全国の教育委員会や学校のあり方について提言されたものでもあると感じております。本県の取組みが「たたき台」となり，それがきっかけで，全国においてさまざまな「教育委員会像」「学校像」，そして教育委員会と学校の新しい関係が広がっていけば幸いであると思います。昨今，「イノベーション」という言葉をよく耳にしますが，イノベーションとは，今ある資源をもとにして，新しい価値を加えて，よりよきものへと向上していくことだと思います。本書が学校教育のイノベーションのきっかけとなることを願ってやみません。

「問題を抱える子ども等の自立支援事業」と三重県教育委員会の試み

前 文部科学省初等中等教育局　児童生徒課長　　磯谷桂介

　近年、急速に進む少子高齢化、厳しい経済・雇用状況、経済的に困難な家庭の増加、地域や家庭の教育力の低下、グローバリゼーションの進展、ＩＣＴの進歩など、子どもたちを取り巻く社会情勢や社会構造の変化を背景として、暴力行為、いじめ、不登校、自殺といった児童生徒の問題行動等は憂慮すべき状況となっており、教育上の大きな課題となっています。

　こうしたさまざまな児童生徒の問題行動等は、「大人社会の反映」でもあり、家庭、学校、地域社会などのさまざまな要因が複雑に絡み合って、表面化してくるものと考えられます。こうした問題等に対応するためには、就学前からの教育や福祉の充実、困難を抱える家庭への支援、発達段階・課題に応じた適切な指導、子どもの悩みを受け止める多様なチャンネルと子どもの居場所の整備、学校種間、学校・家庭・地域・専門機関、民間団体等の連携、協力などの取組みを、関係者や関係機関が「連携・協働」しつつ、社会全体で着実かつ柔軟に実行していくことが必要です。

　文部科学省では、各学校や教育委員会の生徒指導や教育相談のシステムの整備・構築、学校と家庭、地域、関係機関等との連携推進などの施策に取り組んでいます。その中核的施策として、子どもの問題行動等の学校が抱える問題について、未然防止、早期発見・早期対応につながる取組みや関係機関等と連携した取組みなどについて、都道府県教育委員会等の協力を得て調査研究を行う「問題を抱える子ども等の自立支援事業」を平成19年度から21年度にかけて実施し、後継の事業として、平成22年度から「生徒指導・進路指導総合推進事業」を行っているところです。

　三重県教育委員会には、平成19年度から21年度にかけて、「問題を抱える子ども等の自立支援事業」を受託していただき、19-20年度は、学級づくりを通じた、いじめ・不登校・暴力行為の未然防止、21年度は、「不登校未然

防止」を核とした学級づくり・学校づくり，教育支援センターにおける復帰支援プログラムの開発，学級崩壊後の学級に対する開発的支援方法の検討の三つのテーマからなる調査研究を実施していただきました。また，それまでの成果に基づき，22年度「生徒指導・進路指導総合推進事業」では，「緊急支援から未然防止まで～学校への総合支援を構築する～」のテーマで調査研究を進めていただいています。

　国の委託を受けて，三重県教育委員会が実施されてきた一連の調査研究は，①子どもたちや学校の抱える問題の現状を認識し，分析したこと②理論・データと実践とを組み合わせて着実にＰＤＣＡサイクルを発展させたこと③生徒指導・教育相談を日常的な教育活動・学校経営の総合的な観点から捉えていること④現場の視点，特に，教職員のモチベーションの向上や，授業など日常的な教育活動の充実を重視したこと⑤一次から三次にわたる三段階の対応により，施策の効率化を図ったこと⑥県教委と市教委との連携や学校への支援について，効果的な手法を開発したこと，といったところに特徴があり，他の地域の取組みにも大きな示唆を与える，大変優れた調査研究であると拝見しています。また，三重県におかれては，ほかにも，子どもとインターネット・サイバー環境に関する取組み（いわゆるネットパトロール）など，さまざまな分野において先進的な取組みをされており，その姿勢は高く評価されています。今後，学校が「開かれた学び舎」として，家庭，地域，専門機関等と連携しつつ，子どもの成長と社会的自立のために貢献できるよう，教職員の対話の文化の醸成，モチベーションの向上や日常的な教育活動の充実に取り組んでいくことが重要で，そのためにも三重県教育委員会の取組みが一層発展することを期待しております。

　［追記］この原稿を提出した後に，東日本大震災が発生しました。被災された方々に心よりお見舞い申し上げます。震災以降，大人も子どもも一層厳しい状況に置かれることになりました。その今だからこそ，子どもの成長，自立のために，大人たちが連携・協働することが強く求められています。

教育委員会の挑戦
CONTENTS

巻頭言
　ごあいさつ　2
　刊行に寄せて　4
　「問題を抱える子ども等の自立支援事業」と三重県教育委員会の試み　6

序章　この取組みに注目しよう　10
　1. いま注目すべき学校や市町
　2. 三重県教育委員会の取組み

第1章　三重県の実践に学ぶ教育委員会の学校サポート　22
　第1節　前段階：三次的援助中心の取組みの限界
　第2節　三重県教育委員会の取組みのプロセス
　第3節　ネットワーク型取組みの推進の困難さ
　第4節　本取組みのまとめ

COLUMN	学校教育の基盤となる一次的援助　17
	学級集団を理解する方法　Q-U　18
	中年期の発達課題　53
	三重県のデータ分析から見えてきたこと　58
	外部講師の視点から見た三重県の取組み　80, 98
	三重県のスクールソーシャルワーカー活用について　116
	学校緊急支援におけるQ-U活用例　154

第2章　市教委の視点から　62
――ニーズに応じた学校サポートの実際――

- 第1節　いなべ市教育委員会の取組み
- 第2節　松阪市教育委員会の取組み
- 第3節　名張市教育委員会の取組み

第3章　学校の視点から　120
――組織で動ける学校づくり――

- 第1節　いなべ市立山郷小学校の取組み
- 第2節　紀北町立紀北中学校の取組み

第4章　おわりに　156

1. これからの管理職，教育委員会に求められる役割
2. これからの管理職，教育委員会がとるべきリーダーシップ

序章 この取組みに注目しよう

　いまから15年前，私（河村）は「楽しい学校生活を送るためのアンケート：Q-U」という標準化[※]された心理検査を開発した。これは，児童生徒の学校生活・学級生活への満足感を測るための質問紙である。2009年度現在，Q-Uは，小・中・高校の児童生徒230万人に活用されている。

　また，この間，全国の教育委員会や学校と連携したさまざまな取組みの中で，Q-Uの調査データを多年にわたり大量に蓄積してきた。これらの調査データは，小学校・中学校・高校の学校種・学年別はもちろんのこと，県別・地域特性別に整理されている。

　私はこの調査データに自負心をもっている。それは次の3点の理由による。

○標準化された心理尺度で測定されたデータであること
○各地の地域特性をふまえ，母集団をできるだけ代表するように
　層化二段階抽出法を用いてデータをサンプリングしていること
○調査者が学校や教師と利害関係のない第三者であること

　文部科学省や各教育委員会が主体となって行う調査では，回答する学校や教師に何らかの意図が入りこんでしまう。なぜなら，学校と教師は教育委員会に管理・評価される立場なので，自分にとってマイナスになる報告はしたくないのが人情だからである。不登校やいじめ被害などの実態調査も，その面の影響を受けることが避けられないと思われるからである。

（※標準化：妥当性と信頼性が確認された心理検査・アンケートのこと。）

1 いま注目すべき学校や市町

1　注目すべき学校

　私はQ-Uの調査結果をもとに，個別の学校サポート，そして市町教育委員会のサポートも行ってきた。その中で，不登校や非行などの不適応問題やいじめの問題への対応，学力向上や特別支援教育の推進において，著しい成果が見られた学校には，いくつかの共通点が見出されることを発見した。
　学校単位では，次の点が最も大事なポイントであった。

> ■注目すべき学校の共通点
> 　学級経営・生徒指導・授業の展開において，目標とそれを具現化する方法論の基本的な部分で，教師間の足並みがそろっている

　この傾向は，各学校の先生方からの聞き取り（学級経営や生徒指導の進め方，校務分掌の取り組み方，会議のもち方など）の結果に現れただけでなく，Q-Uの結果にも現れていた。つまり，上記のような学校では，校内の各学級の状態のプロットが似たような状態になっており，しかも，時間の経過とともにたどる変化が似たようなものになることが多いのである。最終的に8割以上の学級で満足型になる。
　これは，学校の教育実践目標が具体的に明確になっており，校内の教師間で，その方法論も含めて目標が共通理解され，連携して取り組まれているからである。当たり前のことのように思われるかもしれないが，共通の目標に向かって実際にすべての教師が取組みを実行できている学校は少ないのが実態である。多くはスローガンを掲げるだけで終わっていたり，教師間で取り組み方や熱意に温度差が広がり，足並みがそろわなかったりするのがふつうなのである。

成果を上げている学校で共通して確立されているポイント

教育実践目標が具体的で明確になっている
①子どもたちの実態把握を適切に行う
②その結果が教師間で納得されて共有される
③学校の教育実践目標が設定される

　①で把握した実態と，国ー県ー市の目標を踏まえたうえで設定する。
　そして，すべての教師が，その目標が実際の学級経営や生徒指導，授業や活動の取組みではどのような形になるのか検討する。
④各領域において具体的な教育実践目標が設定される

　特に①②の部分が重要で，複数の教師たちで議論する際の目安になるような，定期的に比較検討できるような，妥当性と信頼性のある数値で表されたデータが必要である。これがなければ教師間の議論がかみ合わず，抽象論や精神論になってしまうからである。

教育実践目標を具現化する方法論が教師間で共有されている
①学校の問題が教師間で共有される

　問題とは，単に現状，一つの状況であり，それを深刻な問題と感じる教師もいれば，たいした問題ではないと感じる教師もいる。この捉え方の共通理解を図ることが求められる。個々の教師の実践への意欲にもかかわってくるからである。
　（問題）学校生活全体にだらしなさが見られ，授業中も私語が多い。
②適切な対応をするために，問題が整理して課題化され，共有される

　課題とは，問題のいろいろな状況を整理して生み出した，解決すべきテーマである。例えば，次のようなものである。
　（課題）子どもたちの学校生活を送るうえでの意欲を高めるには，どうすればいいのか。

授業に集中させるようにするには、どう対応すればいいのか。

③課題を解決するための方針・仮説が立てられ、共有される

　課題解決のためには、「こういう方法をとれば、こうなって、現状を教育実践目標に近づけることができる」という仮説を設定する必要がある。仮説を設定するには、教育書や、研究推進校の研究紀要、経験則を参考に、校内の教師たちの考えを結集・統合していくことが求められる。教師たちが連携して具体的な教育実践に取り組めるのは、仮説があるからである。仮説がない、漠然としている、というような中で、各自がやみくもに取り組んでも、成果はいま一つの場合が多くなる。

④仮説に基づく具体的な対応策が設定され、教師間で同一歩調で取り組まれている

（具体的対応策）
- ○活動させる前に、教師が必ずそれをやる意義を3分間説明する
- ○活動させる前に、取り組んでいく全体像がわかるフローチャートを図示して説明する
- ○活動の最後に、5分間ふりかえりの時間を設定する

⑤定期的に調査を行い、各教師の取組みの認め合いと評価を行う

　教育実践を行う前、中間点、実践後と、同じ調査法を複数回行い、その得点の変容を見ることによって、行ってきた対応の評価ができる。数値の変化を基に、取り組む内容や強弱、取り組む優先順位を柔軟に修正することで、成果をより着実なものにすることができるのである。

　現在、全国の大変多くの学校で使用されているのが、子どもたちの学級生活の満足感や意欲を測ることができる、信頼性と妥当性が確認された標準化された心理検査Q-Uである。

※詳細は『公立学校の挑戦』（河村茂雄・粕谷貴志著／図書文化）参照。

2　注目すべき市や町

　市や町の教育委員会が適切にリーダーシップをとり，地域の全学校に不登校対策の取組みを浸透させて不登校の児童生徒を半減させたり，児童生徒の学力の定着に大きな効果が認められるような取組みをしたという例が，全国にはたくさんある。その成果は，学力調査や標準化された学力検査でも確認されている。

　これらの例の中で，他の地域にとってもモデルとしやすいのは，日々の教育実践や問題行動への対応の中で一工夫して取り組んだ結果，大きな成果が見られたという実践であろう。大きな予算や行政改革などが伴った例では，その市や町だからできたというモデルになってしまう。

　私の研究室がもつデータを整理すると，またサポートに入らせてもらったいくつかの市や町の結果を検討すると，大きな成果をあげ，他の地域にとってモデルにしやすい市や町の取組みには次のような特徴がある。

> ■注目すべき市町の取組みの共通点
> 　目標や方法論の基本的な部分で校内の教師間の足並みがそろっている学校が，地域で80％を超えており，取組みで大きく落ち込むような学校は10％を下回っている。

　地域の各学校の教育環境が安定したものになっており，取組みが計画的に実施されるので，国や県が実施する児童生徒の不適応に関するさまざまな調査結果が，良好な結果を示すのである。

　これは，その背景として，各教育委員会が，次の①〜④の対応を地道に行っていたということを意味する。

　①県や市や町の児童生徒たちの実態をしっかり把握する

　②そのうえで対応策を立案する

　③②の方針と対応策を各学校にきちんと伝達する

　④すべての学校が①の展開ができるようにサポートする

文章にすると簡単なことのように感じるが，一つの学校の中でも①のような教師組織を形成するのはむずかしい実態がある。それを教育委員会が管轄するすべての学校に，この①～④の対応をしていくのはとてもむずかしい。とくに学校数の多い市の教育委員会は大変である。明確な方針のもとに，計画的，組織的，継続的な対応を行うことが求められるからである。

2　三重県教育委員会の取組み

　本書では，三重県教育委員会，生徒指導・健康教育室が行った学校サポートの取組みを中心に紹介する。このなかで，県の教育委員会が市・町の教育委員会に働きかけ，さらに各学校が組織力を向上させて成果を上げる取組みを展開できるようになるまでに，どのような実践を行っていったか，どのような教師チームを，どのように形成していくのか，その過程で何がむずかしいのか，それをどう克服していったか，どのようなサポートが必要なのかについて，事例をもとに率直に提案したいと思う。

　私は，三重県の取組みに，約5年間かかわらせてもらった。最初は，問題意識の高い指導主事の先生との個人的な交流が主であった。しかし，個人的にアドバイスするだけでは，児童生徒の不適応行動の実態がなかなか向上しない現状を受けて，平成19年度から，生徒指導・健康教育室の組織全体に本格的にかかわるようになった。

　サポートの骨子は，県内の学校の不適応問題の実態把握・データ分析と解釈を行い，そこから大きな方針の提案と取組みの展開における戦略の提案を行うことであった。さらに，各論的な問題に対するコンサルテーションも定期的に行った。

　そして，本書の中で最も大きなポイントを占めるのが，この取組みが「ネットワーク型」の取組みだったという点である。私がこのプロジェクトを応援しようと思ったのも，「県教育委員会➡市・町の教育委員会➡各学校」と

いう一方的なトップダウン型の取組みではなく，学校現場の声や要望を集めながら行う，「県教育委員会⇔市・町の教育委員会⇔各学校」のネットワーク型で推進された取組みだったからである。

　ネットワーク型の取組みでは，各学校の独自性，各教師の専門性を尊重しながら，県の方針に理解を求め，話し合いを重視し，一つ一つ実践を積み上げていくことが求められる。三重県の場合，県から示された「未然防止」という大方針と，「アセスメントに基づく対応」という方法論に対して，各学校が何から取り組むのか，どのように取り組んでいくのかは，地域の実態に応じて自由度が残された。そして，その分，市・町の教育委員会には，学校現場に深くかかわりながら，コーディネーターの役割を果たすことが求められた。

　このプロセスがうまくいくまでには時間がかかり，一気に成果が上がるというわけにはいかなかった。第1章で述べるように，多くの試行錯誤とむずかしさがあった。しかし，これが一度根づけば，各学校・各教師は自発的に取り組むようになり，各教室における日々の教育実践が充実し，結果的に児童生徒の不適応問題も減少する。私はこれこそが，教育実践のあるべき姿だと思っている。

学校教育の基盤となる一次的援助

COLUMN

河村茂雄

　石隈（1999）[※]は，学校心理学の立場から，児童生徒へのガイダンス的対応，生徒指導や教育相談・日々の学級経営などは，子どものもつ援助ニーズに応じて捉える必要があり，援助レベルには次の3段階があることを指摘している。

○**一次的援助**──すべての子どもがもつ発達上のニーズに対応する援助（友達とのつき合い方，進路指導など）
・予防的：遂行上の困難を予測して，課題への準備を前もって援助する（一日入学，さまざまなオリエンテーション等）
・開発的：学校生活を通して発達・教育課題に取り組む上で必要とされる基礎的な能力の開発を援助する（対人関係のもち方，学習の取り組み方など）
○**二次的援助**──教育指導上配慮を要する児童生徒への援助（不登校傾向，不安の強い児童生徒など）
・援助ニーズの大きい児童生徒の問題状況が大きくなって，その児童生徒の成長を妨害しないように予防することを目的とする
・配慮を要する児童生徒の早期発見・早期対応がポイントになる
○**三次的援助**──特別な援助が個別に必要な児童生徒に対する援助（不登校，いじめ，非行，発達障害など）
・問題状況の改善，不利益を低下させることを目的とする専門機関との連携も含めた，継続的で組織的な対応が求められる

※石隈利紀『学校心理学』誠信書房，1999

学級集団を理解する方法 Q-U ―その1―

『楽しい学校生活を送るためのアンケート Q-U』（河村茂雄著，図書文化）は，子どもたちの学級や学校生活における充実感や意欲，学級集団の状態を調べる質問紙である。不登校になる可能性の高い子ども，いじめを受けている可能性の高い子ども，意欲的に学校・学級生活を送れていない子どもの早期発見や学級崩壊にいたる可能性のチェックに役立つ。

1．Q-U の内容

Q-U は，「いごこちのよいクラスにするためのアンケート」と「やる気のあるクラスをつくるためのアンケート」の2つの質問紙から構成されている。2007年より発売された hyper-QU は，上記2つに「日常の行動を振り返るアンケート」を加えた，3つの質問紙から構成されている。

「いごこちのよいクラスにするためのアンケート：学級満足度尺度」は，子どもが学級・学校生活にどのくらい満足しているのかを測る尺度である。このアンケートでは，①学級の中で自分が友達から受け入れられ，考え方や感情が大切にされているという「承認」にかかわる気持ちと，②学級の中で友達とのトラブルやいじめを受けているなどの不安があるという「被侵害」にかかわる気持ちについて聞いている。

「やる気のあるクラスをつくるためのアンケート：学校生活意欲尺度」は，学校生活のどの場面に意欲をもって生活しているかを測る尺度である。小学生用は「友人との関係」「学級との関係」「学習意欲」の3領域，中学生・高校生用は，それに「進路意識」「教師との関係」を加えた5領域の得点を測定できる。

「日常の行動を振り返るアンケート：ソーシャルスキル尺度」は学級の子どものソーシャルスキル，つまり対人関係を営む技術やこつの習得度合を測る尺度である。友達を尊重する姿勢を測る「配慮得点」と，友達に能動的にかかわる姿勢を測る「かかわり得点」の2つが算出される。

序章 この取組みに注目しよう

COLUMN

武蔵由佳

2．Q-U の特徴

　Q-U は，①15分程度の短時間で実施が可能，②１枚の表に学級全員の結果を書き込むので学級集団の状態像がひと目でわかりやすい，③年に２〜３回実施することで前回の結果と比較が可能になり，教育実践の効果測定を行うことができる，という特徴がある。特に，「いごこちのよいクラスにするためのアンケート」は，子ども一人一人の「個人の内面」と，全体的な「学級集団としての状態」を把握でき，多面的に子どもの実態把握と実態を踏まえた学級づくりに取り組めるように工夫されている。

　Q-U の結果をより有効に活用するためには，結果をもとにていねいに子どもとかかわること，また日常観察による情報を加味して対応することが大切である。また，Q-U は，子どものちょっとした内面の変化をより敏感により適確にとらえられるため，継続して調査することをおすすめしたい。

3．Q-U のやり方

　「いごこちのよいクラスにするためのアンケート」を中心に，使い方と結果の読み取り方を説明する。まず，子どもたちにアンケート用紙を配り，質問に答えてもらう。帰りの会などで，５〜10分程度で実施できる。

　集計は，子ども一人一人について，①承認得点と②被侵害得点を算出する。この２つの得点を座標軸にした表の中に，子ども一人一人の名前や出席番号などの印を書き込み，子どもたちを学級生活満足群，非承認群，侵害行為認知群，学級生活不満足群の４つのタイプに分けて理解する。

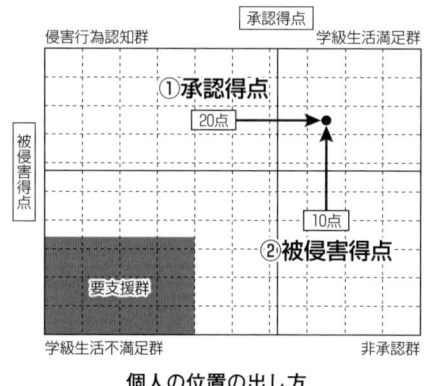

個人の位置の出し方

19

学級集団を理解する方法 Q-U ―その2―

4．Q-Uの結果の見方
①個人の内面の把握

　個人の内面を次の4つのタイプに分類して把握し，対応を考える。

　学級生活満足群は，承認得点が高く，被侵害得点が低い子どもたちである。学級内で存在感があり，いじめや悪ふざけを受けている可能性が低く，学級生活に満足感をもっていると考えられる。

　非承認群は，承認得点と被侵害得点がともに低い子どもたちである。いじめや悪ふざけを受けている可能性が少ない代わりに学級内で認められることも少なく，学級生活や諸々の活動に意欲が見られないと考えられる。

　侵害行為認知群は，承認得点と被侵害得点がともに高い子どもたちである。学級生活やもろもろの活動に意欲的に取り組んでいるが，他の子どもとトラブルが起きている可能性があると考えられる。

　学級生活不満足群は，承認得点が低く，被侵害得点が高い子どもたちである。耐えがたいいじめ被害や悪ふざけを受けている可能性や，学級の中に自分の居場所が見つけられていないケースが考えられる。特に左下（網掛けの部分）の位置に来る子どもは，不登校になる可能性が高い。

②「学級集団」としての状態

　学級の子どもが4つの群にどのように分布しているかを見ることで，集団としての学級の状態がわかる。承認得点の軸は，学級内に親和的であたたかいふれあいのある人間関係（リレーション）があるか否かを知るための指標となる。被侵害得点の軸は，学級生活における対人関係を円滑にするためのルールやマナーがあるか否かを知るための指標となる。「リレーション」と「ルール」がどの程度確立されているのか，そのバランスをとらえることで，学級集団の状態像が把握できる。

　満足型の学級：「リレーション」と「ルール」がバランスよく確立され，意

欲的で互いを尊重し合う雰囲気がある。

　かたさの見られる学級（管理型）：「ルール」はあるが，「リレーション」が不足している。規律やけじめが重視され，落ち着いた雰囲気だが，教師や子ども同士が生活態度や行動を厳しく評価していたり，自分の気持ちを表現することや，友達とのふれあいが少ない。

　ゆるみの見られる学級（なれあい型）：「リレーション」はあるが，「ルール」が不足している。子どもが自己主張する場面や友達とかかわる場面が多く活発であるが，対人関係上のマナー，規律やけじめが定着していないのでいじめやトラブルが頻繁に起こる。

　荒れ始めの学級：「リレーション」と「ルール」が共に不足し始めてくる。かたさやゆるみの見られる状態のときに具体的な対応がなされないままだと，学級のプラス面が徐々に消失し，マイナス面が現れてくる。この状態になると，教師のリーダーシップは徐々に効を奏さなくなり，子どもたちの間では，互いに傷つけ合う行動が目立ち始める。

　崩壊した学級：「リレーション」「ルール」がともに不足している。学級では，けんか，いじめが絶えず起こり，子どもたちの人間関係は希薄で，ほとんどが「この学級は嫌だ」と感じている。

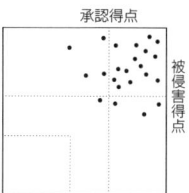
満足型の学級

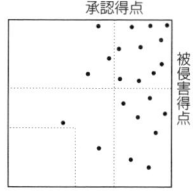
かたさの見られる学級

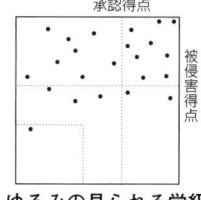
ゆるみの見られる学級

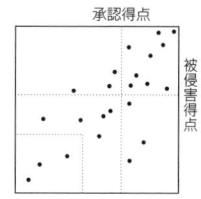
荒れ始めの学級

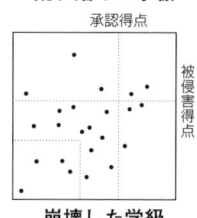
崩壊した学級

三重県の実践に学ぶ教育委員会の学校サポート

本章では三重県教育委員会の取り組んできた学校サポートの過程と，そのときどきの困難さについてその概略を説明する。

第1節 前段階
三次的援助中心の取組みの限界

　私（河村）が単発で三重県を訪れていた平成13, 14年頃，三重県の教育界は大きな転換期を迎えていたと思う。三重県は，爆発的な発展をとげた名古屋を中心とする経済圏の影響を受け，その隣接県として工場設置に伴う企業関係の人々の流入，周辺都市のベッドタウン化が起こって久しく，人口移動が激しくなり，従来の地域が大きく変化していた。東京の隣接県である神奈川，千葉，埼玉などの約20年前に近い様相であった。
　このような変化を受け，学校では児童生徒の生活実態・行動様式に大きな変化が生まれていた。教師にとっても，従来の指導方法では子どもに対応しきれない場面が徐々に生じていると考えられた。最初に私を呼んでくださった指導主事の先生は，そのことを敏感に感じられていたのだと思う。

1 暴力行為への対応

　当時，暴力行為への対応は，三重県の教育界の大きな課題であった。文部科学省から例年秋に発表される「児童生徒の問題行動等生徒指導上の諸課題に関する調査」では，暴力行為の領域において，三重県の公立学校の暴力行為発生件数が，全国ワースト1位となり，平成13年度の千人当たりの発生件数は11.1件であった。平成14年度，15年度は減少したものの，引き続きワースト3～6位に入る状況であった（P54参照）。

　三重県教育委員会は，学校に教師以外の支援チームの投入が必要だと考えて，学校緊急支援チームを組織し，とくに暴力発生件数の多かった学校に派遣して，事態に改善が見られるまで長期的に三次的援助を行った。学校緊急支援チームのスタッフには，三重県警本部少年課の力を借り，生徒指導経験のある警察官OBと教師OBを採用し，両者のチームで対応を行った（P24～27参照）。

　この結果，中学校における暴力行為件数は，平成16年度752件，平成17年度781件，平成18年度559件と，18年度に大きく減少した。学校緊急支援チームが発足した平成17年度は，まだ市町教育委員会や各学校に対して，どのような支援ができるかの広報と信頼関係の構築に時間を要したものの，平成18年度には前年度支援した学校からの好評価が伝わって，課題のある学校からの支援要請が増加したと考えられる。

　しかし，問題行動に対処する取組みは「マイナス→ゼロ」にする取組みであり，どう問題を起こさないようにするかに主眼が置かれたため，問題行動は減少したものの，学校緊急支援チームが介入をやめると，学校の活動がそこで停滞してしまうという課題が残された。

　次の段階として，県教育委員会には，ある程度暴力行為が収まってきたところで，子どもたちへの対応をどう教育活動の中に位置づけていくのかという取組みが求められることになった。

学校緊急支援チーム（生徒指導特別指導員）について

水谷明弘

(1) 暴力行為の発生状況に対する分析

　三重県教育委員会「生徒指導・健康教育室」では，平成13年度から平成15年度の統計を分析した結果，順番の入れ替わりはあるものの，中学校における暴力行為多発校はおおむね20校に限定されていることをつきとめた。さらに，20校に詳しい報告を求めたり聞き取りを行ったりした結果，暴力行為が多く発生する状況について，以下のことがわかった。

　ア　同じ生徒が何度も暴力行為を繰り返している。
　イ　暴力行為の件数が多い20校のうち，約90％の学校で「対教師暴力」が発生している。「生徒間暴力」も多発している。
　ウ　暴力行為を繰り返す生徒と卒業生や暴走族等にはつながりが見られる。放任等，家庭の教育力に課題があると考えられる生徒の割合も高い。
　エ　小学校においては，特定の学校で特定の児童による暴力行為が多数報告されている。その児童が卒業すると，当該校の暴力行為は大幅に減少している。

「対教師暴力」や「生徒間暴力」を繰り返す生徒を取り巻く環境は劣悪であり，生徒の立ち直り支援を行うには，環境改善が有効であると考えられた。そして，環境改善を行うためには，まず崩壊状態になっている学校環境の改善から手をつけなければ，家庭や地域との連携などには進めないと考えた。そこで，以下のようなビジョンを打ち立てた。

(2) 暴力行為件数減少のビジョン
①県内で暴力行為発生件数が最も多い20校で，かつ，対教師暴力が過去２か年で複数発生してる中学校に学校緊急支援チームを派遣し，対教

師暴力および繰り返しての生徒間暴力が収まるまで，三次的援助に当たる。荒れの程度によりおおむね6か月〜2週間程度。これにより，中学校の暴力行為件数20％減が見込めるだろう。

②対教師暴力，生徒間暴力，対人暴力の中で「犯罪要件を満たすと思われる」ものは，警察に被害届を出すよう助言し，学校，警察，家庭裁判所が連携して，加害生徒が学校へ復帰後に立ち直り支援を行う。これによりハイリスク群（生徒を取り巻く環境が劣悪）の再発防止を図る。また，暴力行為に至らないまでも問題を抱えている子どもたちへの指導が行き届くようになり学校が正常化する。

③学校緊急支援チーム派遣が終了した学校に対して，市町教育委員会と連携して，今後の校内生徒指導計画を作成する。これにより，継続して安全な学校となりうるようにする。

(3) 学校緊急支援チームの人材採用

平成16年度の県議会が始まると，県教育委員会は，平成14，15年度の中学校暴力行為発生件数をもとに，学校緊急支援チームに必要なスタッフの人数を策定して予算要求した。

要求案では，当初6班12名（警察OB6名，教師OB6名）を予算要求したが，査定では5班10名だけが認められた。最低でもあと1班（2名）ないと課題解決が不可能と考えられた。そこで復活要求で必要性を訴えたところ，子どもたちが学校で安心して学べる環境が必要との考えに共感が得られ，1班2名の予算が復活した。この1班の復活は，のちの学校からの支援要請の数を考えても，大変大きな力となった。1班不足の状態では，学校緊急支援がここまでうまくいくことはなかったと思われる。

学校緊急支援チームの人選について，警察官OBでは，少年事件捜査担当経験，暴走族取締り経験，暴力団犯罪捜査経験のある者で，階級は警部または警部補であった者を採用した。生徒が暴走族や暴力団などと

のつながりがある場合には，それらの組織特性を熟知していて対応できる警察OBを採用することが不可欠であると考えられた。また教師OBについては，生徒指導を豊富に経験した校長・教頭または教諭，もしくは民生委員等で立ち直り支援の経験がある者を採用した。

派遣対象は，三次的援助の高・中レベルを必要とする場合，もしくは三次的援助の低レベルであっても発生頻度が高い場合を想定した。そして，ある程度状況が落ち着いたら，緊急介入としての県教育委員会の役割は終了し，後方支援として，常時派遣はしないものの，引き続き学校緊急支援チームの助言を受けながら，学校自らが生徒指導体制の再構築に向けて努力できるようにサポートした。これにより，今後の生徒指導体制が充実し，学校自らの力が育成されると考えた。

(4) 緊急支援のレベルの定義
　　　レベル高：暴力行為が頻繁に発生し，教師の指導もしにくい
　　　レベル中：深刻にはいたらないが，対教師暴力が単発的に起こり，かつ生徒間暴力が頻繁に発生
　　　レベル低：対教師暴力は見られないものの，常に教師が校内巡視をしなければ生徒間暴力や器物損壊が発生

派遣手順は，各学校長（当初は中学校中心）から，各市町教育委員会を通じて，県教育委員会事務局生徒指導・健康教育室長に要請があった場合に，対応を開始するとした。

○小中学校については，校長が市町（三重には村がない）教育委員会を通じて派遣要請する。市町教育長から県教育委員会に副申書を提出し，県教委が派遣の可否を決定。ただし緊急性がある場合は，口頭でも可。即日派遣できる。

○県立学校については，校長が県教育委員会に派遣要請を書面で行う。ただし緊急の場合は口頭可。

(5) 学校緊急支援チーム派遣の実際

①派遣期間

当初2週間～6か月程度と考えていたが，実際に派遣したのは3～6か月と長期の事例が多かった。

約2～3週間 （約20％）	・小学校における生徒指導体制及び保護者対応の助言 ・小学校における児童の暴力行為で保護者理解のあるケースの生徒指導体制の助言 ・中学校で偶発的に発生した暴力行為で関係機関との連携方法の助言
約3か月～4か月 （約60％）	・学級運営が長期間困難になっている小学校への支援 ・外部へのつながりはないものの生徒間暴力が頻繁に発生している中学校への支援
6か月～1年 （約20％）	・中学校で毎日登校するものの教師の指導を受け入れない生徒が10人以上いる学校への支援 ・中学校で暴力行為は偶発的に発生するものの頻繁に起こりかつ外部少年（有職，無職）とのつながりが見られる場合

②派遣時期の特性

ゴールデンウィーク明けが多く，中学校では夏休み明けにも派遣要請が多い傾向があった。

小学校	5月連休後に多い	学級がうまく機能しなくなる時期だと考えられる。（学級崩壊が最初に起こる時期）
中学校	5月連休後，9月夏休み後に多い	ゴールデンウィークや夏季休業時に居場所のない生徒が，他校や有職少年を含む不良の友達関係をつくるからだと考えられる。

2 不登校問題への対応

　いっぽう三重県における小中学校の不登校児童生徒数は，平成13年度まで増加の一途にあり，平成14年度にいったん減少したものの，平成15年度は再び増加に転じ，平成16年度についても横ばいであった。暴力行為と同様に不登校の問題も，依然として深刻な状況にあると考えられ，これをいかに解決していくかが三重県にとって大きな課題となっていた。
　当時，三重県の不登校対応は次のような点が中心であった。

①民間施設・NPOとの効果的な連携のあり方の検討
　不登校について広く県民や保護者及び教師等に対して啓発を図るための，県不登校フォーラムを行ったり，NPO等フリースクールも含めた県全体のネットワークの整備充実を図った。
②効果的な訪問指導のあり方の検討
　訪問指導員や教育支援センター指導員等に対して，適切な訪問指導のあり方について周知することや事例に則したスーパーバイズを行うなどの実践的な取組みの中で，より効果的な訪問指導のあり方について研究を深めた。
③外部人材との連携・協力のあり方
　個別のケースについてのスーパーバイズの時間を設けるなどして，教育支援センター指導員および各地域スクーリング・サポート・センターと医療機関や大学教師等との連携を図った。

　ここからわかるように，当時の三重県の不登校対策事業は，暴力行為への対応と同様，すでに不登校になってしまっている児童生徒に対して「不登校児童生徒の現状と分析」を行い，個別の支援をしていくという三次的援助が中心だった。そして，この取組み自体は，一定の成果があった（P30～31参照）。

しかし，詳細な分析の結果（P58〜61参照）から，次のような課題があることも見えてきた。
① 不登校の児童生徒の学校への復帰数と新たな児童生徒が不登校になる発生数が等しい水準であり，三重県全体としての不登校の児童生徒数は，取り組んでいるわりには成果がいま一つという状態である。すなわち，三次的援助は充実しているが，不登校に至る可能性の高い児童生徒の早期発見と早期対応，つまり二次的援助が弱いと考えられる。
② 県教育委員会と市町教育委員会の連携が組織として十分とは言えず，それぞれの教育委員会が同じような援助（三次的援助）を各学校に行っている。
③ 不登校が長期化している児童生徒を調べると「無気力型」「情緒不安定型」が多く，何らかの形でコミュニケーション不全を起こして，対応がむずかしくなっているケースが多い。そこで，普段から児童生徒に適切なコミュニケーション体験をもたせ，その能力を育成していくことが，不登校を長期化させないためには不可欠である。学校では，まず所属する学級の中で集団体験をさせることが，不登校予防の第一歩になると考えられる。

以上から，三重県の今後の方針として，次のことが整理され確認された。

○すべての子どもが享受する一次的支援の充実に基盤を置きながら，3つのレベルの対応をバランスよく行う。不登校対策の基盤となる一次的援助とは，教師が行う適切な「学級経営」である。
○教育委員会はネットワーク型の連携をつくり，児童生徒に援助していく
　　基本モデル　　　県教育委員会 ⇔ 市町教育委員会 ⇔ 学校
　　危機介入モデル　県教育委員会 ⇔ 学校　（直接介入）

不登校の未然防止事業について

森　憲治

　県教育委員会は，不登校児童生徒の状況について，当初，さまざまな角度から把握することを試み，仮説を立てて取り組んできた。

(1) 不登校の現状について
①不登校の原因と継続する理由について
　「遊び型が多いのではないか」との予想に反し，長期化しているケースでは「無気力型」「情緒不安定型」が多く，子どもが何らかの形でコミュニケーション不全を起こしていることが多かった。いわゆる「ひきこもり」傾向は，おおむね不登校児童生徒の5％前後であることがわかった。
②指導結果（復帰率）について
　指導の結果，不登校児童生徒が登校する，または，登校できるようになった率は27％～30％であった（全国平均が25％～30％）。なかでも教育支援センターに通級した不登校児童生徒の1年後の復帰率をみると，70％近い数値が出ていた（県独自調査）。ここからは，短期的な学校復帰がされなくても，教育支援センターに通級する（＝社会的つながりを維持する）ことができれば，結果的に高い学校復帰率が得られると考えられた。また，教育支援センターの利用率も全国平均が10％であるのに対し，三重県は20％前後と高かった。
③不登校児童生徒の状況
　すでに不登校状況にある児童生徒を分析してみると，「初期型」と「長期型」に二極化している傾向があった。このことから，次のような支援の方向性が考えられた。
　・学校現場においては，「初期型」と「長期型」それぞれの状況にあ

わせた対応を行う必要がある。
・「初期型」では「週二不登校」までに対応するのが有効である。早期対応を工夫すると同時に，効果が見られない場合は，チーム支援，専門家との連携により正確なアセスメントを行う。
・長期型については，保護者支援を強く行う必要があり，他機関との連携を強くする。

(2) 今後の不登校対策について

以上のことから，現在，不登校状況にある児童生徒に対しては，次の①②の方針で復帰率が高まるだろうと期待された。
① 各教育支援センターの取組みの成果が上がっているので，今後も継続していく
② 教育支援センターは不登校対応の取組みを進める各地域の核になるとともに，教育支援センターがもつ不登校児童生徒への支援スキルを各学校へも周知させていく

いっぽう，新しく不登校が発生する数を下げるためには，現在不登校状況にない児童生徒に対する取組みも必要で，未然防止や早期発見・早期対応をはかることが求められていると考えられた。そこで，県教育委員会は，児童生徒の不適応感やいじめ被害の早期発見と，学級集団の状態を把握して学級経営の指針を得るために，「Q-U」の活用を考えていった。

また，「Q-U」を活用した一，二次的援助（未然防止）を基盤とした取組みは，不登校だけでなく，さまざまな問題行動の元となる子どもたちの学校不適応を予防すると考えられたので，平成19年度からは，「問題を抱える子ども等の自立支援事業」（国事業）に応募して，県全体に広げ，市町と協働していくこととなった。

第2節
三重県教育委員会の取組みのプロセス

平成19年度の大きな転換期

　暴力行為・不登校への三次的援助中心の対応から，未然防止としての一次的援助・二次的援助の充実に目を向け始めた三重県教育委員会の取組みは，平成19年度に大きな転換期を迎えた。文部科学省が始めた「問題を抱える子ども等の自立支援事業」に採択されたのである。

　「問題を抱える子ども等の自立支援事業」は，県教育委員会や市町村教育委員会等の各団体が企画した先駆的な事業の中から，前例にとらわれずに，とくに効果があると思われるものに国から事業費が割り当てられるというものである。本事業において，三重県のように，「未然防止」という，まだ問題が起こっていない状況での取組みが国から認められたのは画期的なことであった。また，この事業では，「取組みの評価を客観的な指標で評価をすること」が条件とされていたが，三重県の事業計画が，Q-Uという調査法を評価軸に据えていた点も，本事業との整合性が高い一因となった。

　この年に文部科学省より事業採択された，三重県教育委員会の「学級づくりを通じた，いじめ・不登校・暴力行為の未然防止」をテーマとした研究調査は，現在まで続いている。概要を以下に示す。

本取組みの仮説
　コミュニケーション能力の低下から，児童生徒が集団生活になじめなくなってきている。学級においても，集団生活を営むうえでの最低限のルールやマナーが共有されていない。このことが，いじめ・不登校などの問題を生み出す一因となっていると考えられる。したがって，学級づくりを通して児童

生徒たちに集団生活を営む力を育成することは，いじめ・不登校等の未然防止に有効である。

期待される具体的な成果
①集団生活を営む力を育成する学級づくりについて，具体的方策の提案
　学級づくりの方法を提案し，それらの効果測定を実施することにより，どのような状態にはどのような取組みをすればよいのかを提起できる。また，発達段階に応じた適切な学級づくりを提起することにより，「中１ギャップ」を解消するための方法を提起することができる。
②担任教師を支援する学校体制について，方法の提案
　未然防止を有効に行うために，深刻な事例への対応についての支援方法を提起することができる。
③具体的ないじめ・不登校・暴力行為等の未然防止対応マニュアルの作成
　調査結果をもとに，学級づくりを核としたいじめ・不登校・暴力行為の未然防止の具体的な対応マニュアル（対応例）を発行し，普及啓発を行うことができる。

取組みに対する検証方法
①信頼性，妥当性の確保された心理検査による変容の検証
　心理検査Q-Uにより，個々の取組みについて，どの要素（友人尺度，教師との関係尺度，学習意欲尺度等）に有効であったかを分析する。
②不登校児童生徒数，いじめ・暴力行為の件数
　年間比較による，増減調査により取組みの指標とする。
③心理専門指導員による事例検討
　毎年しっかりとケースを分析し，成果がいま一つであった部分は，そのつど方法論を微修正して，次年度の取組みに活かしていく。

2 ネットワーク型連携の推進のプロセス

　三重県教育委員会は，広域の三重県全体の各学校に取組みを浸透させるために，試行錯誤を繰り返しながら，次の３つの段階を経て展開していった。

＜第一段階＞県の全教師に方針を周知する段階

　取組みの目的と方法を理解してもらうために，初年度は全県を４ブロックに分け，各地域の生徒指導担当教諭と教頭を対象に，悉皆研修を実施した。また，拠点となる地域でも，同様の研修を自主参加形式で実施した。この段階では，研修に触発されて，興味をもった教師個人が動き出した。だが，その動きには，地域差，教師の個人差が大きく見られた（P40参照）。

▼研修内容の概略

テーマ：「Q-Uを用いた学級経営や生徒指導の進め方」
講　師：河村茂雄

①日本の学校教育の特徴と学級集団制度
　○学級として固定されたメンバーが，最低１年間，同じ教室で，共同体的な集団生活・活動体験を行いながら，学習指導を受けていく
　○教師が学習指導とガイダンス・生徒指導を統合して行っていく
　　　　　　　　↓児童生徒の対人関係能力の低下
　　　　今，このシステムが揺らいでいる
②教師が行う学級経営の複雑さとリーダーシップのあり方
　○管理型指導の限界
　○なれあい型対応，横の関係のみの対応が生むマイナス面
　○満足型の学級集団の育成のあり方
　○学級が崩壊に向かうメカニズム
③児童生徒の満足感・充実感を視点とした教育実践の展開
　○学級集団分析尺度Q-Uの活用
　○二，三次的援助を必要とする児童生徒への対応のあり方
　○学級ソーシャルスキル（CSS）の実態と対応のあり方

＜第二段階＞県の全教師に取組みを実行してもらう段階

　各学校にQ-Uが導入され，各教師が定期的にアセスメントを実施しながら，一次的支援・二次的支援を充実させて，子どもたちの不適応を予防することに取り組んでいった。しかし，その成果は学校ごとに大きな差が生じた。

　おもな学校の取り組み方
　各学校の成果を俯瞰すると，下図ように３段階のレベルに分類できることが見えてきた。また，高い成果をあげている学校ほど，組織的に取り組みを行っている状況が見えてきた。
　以下に，なぜこのような違いが生じてきたのかを考察したい。

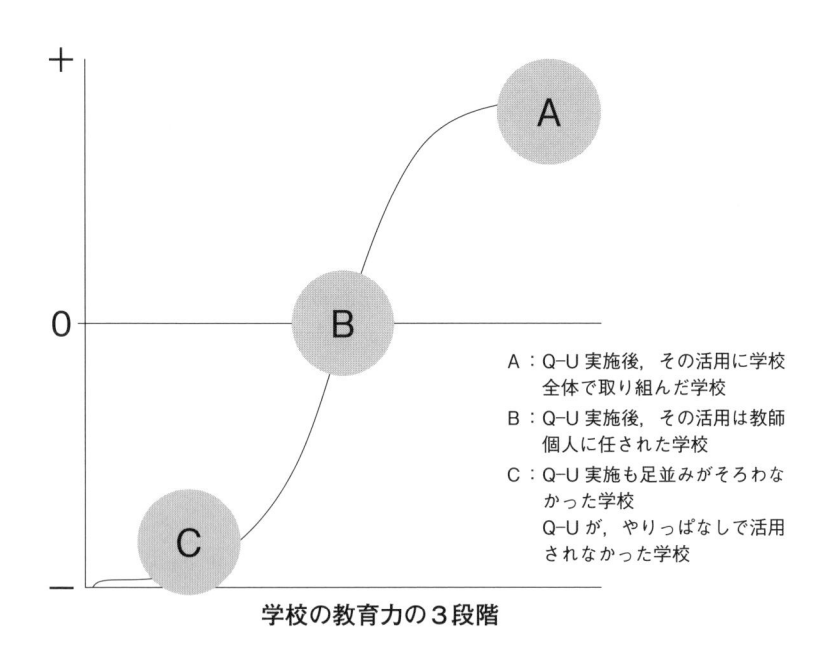

A：Q-U実施後，その活用に学校全体で取り組んだ学校
B：Q-U実施後，その活用は教師個人に任された学校
C：Q-U実施も足並みがそろわなかった学校
　Q-Uが，やりっぱなしで活用されなかった学校

学校の教育力の３段階

●大きな成果が見られたAタイプ

　Aの学校では，本取組みの意義が全教師に共通理解され，Q-U活用の方法論も共有されて，学校全体に取組みが広がり，それが教師一人一人の教育実践に位置づいていった。つまり，次の点が生じていたのである。
　① Q-Uを活用すると教育実践が展開しやすいという便利さを，多くの教師たちが感じ取った。
　②各担任の学級経営を教師チームで支えあう安心感をもつことができた。
　③その結果，Q-Uを活用した本取組みが自らの教育実践の向上につながるという実感をもち，教師たちが自主的に取り組むようになった。

●腰が重かったBの学校

　Q-Uを指標に一次的援助・二次的援助を充実させて不登校の未然防止をするという取組みが，日々の仕事の忙しさの中で教師たちにプラスアルファの仕事として認識され，後回しにされることが多かったのである。つまり，本取組みは本来，日々の教育実践の中に溶け込み，教育実践を充実させる中で児童生徒の不適応を予防していくというものであったが，Aで述べた①②を得ることができず，結果的に③も実感できなかったのである。

●ブレーキがかかったCの学校

　これらの学校では，まだ本取組みの意義自体が十分理解されていなかったといえるだろう。また，本取組みに対して生じた一部の教師たちの心理的抵抗に十分に対応できず，学校全体で取り組むという組織的な動きにブレーキがかかったのである。

組織的対応の必要性

　以上のことから，本取組みで成果をあげていくには，個々の教師の意識を向上させていくとともに，Aタイプの学校のように，学校全体の組織的取組みとしていかに定着させていくかという視点が不可欠だということが確認された。そして，次の①②の点が求められることが整理された。

①意義と目的が各学校の教師全体に共通理解される

　この対策として，学級経営のあり方や不登校未然防止の必要性を一般論として説明するだけではなく，三重県の各地域の客観的情報（評価情報：筆者の実証心理教育研究所に委託され分析された三重県の生の情報）を提示しながら，定期的に研修会を行うようにした。研修会は，各地域の全教師を対象にしたものと，各学校の取組みを推進するリーダーとなる教師たちだけを集めたものとが，同時進行で展開された。

②取組みを各教師の教育実践に位置づける学校体制と方法論を確立する

　この対策として，外部講師を各学校の校内研究に派遣し，学校全体での取り組み方を実習をしながら定着させていく方法をとった。同時に，校内で推進役となるリーダーを決めて，その担当者に対して各学校における取組みのポイントを提示し，校内研究を推進してもらった。

＜第三段階＞学校単位の組織対応として定着をめざす段階

　この段階になると，県の教育委員会・市町の教育委員会・各学校にネットワーク型連携が生まれ始め，各地の指導主事や各学校のリーダー教師の活躍により，それぞれの学校で具体的な動きが始まった。

県の運営方針の修正：「全地域一律」から「選択と集中」へ

　第一段階，第二段階のように，県内全域で一律に取組みを推進していくという方針は，地域ごとの温度差を生み，平均すると県全体の成果としては緩やかなものになった。熱心に取り組んでいる地域は，より取組みを充実させるための予算（Q-Uを年2回ではなく，学期ごとに3回実施したいなど）や講師の派遣を要請してくるが，そうではない地域は予算だけを求めてくるという具合であった。実際，予算を得ても事業をきちんと遂行しなかった地域が見られたのである（P40参照）。

　この反省を受けて，県教育委員会では「全地域に一律に推進していく方

針」から，「熱心に取り組んでいる地域に予算と講師派遣を集中させる方針」に切り替えた。熱心に取り組んでいる地域の確実な成果と取組みが口コミで他の地域に広がることで，最終的に全県で取組みが実施されることを期待したのである。

　以上のことから，平成21年度は，地域を募集し，書類選考して絞る形が取られた。方針は次のとおりである。
① 予算の配分をやめて，物を支給する形を取った。取組みに熱心ではないが，予算だけを求めてやってくる地域を排除するためである。
② 推進会議を定期的に実施し，推進者の会議への参加を義務づけた。これまでのように，必要に応じて県と市町の教育委員会，市町の教育委員会と各学校が連絡しあう方針から，推進者（各地域の指導主事，中心校の管理職・生徒指導主事等）が定期的に一堂に会して，戦略会議・情報交換会を行うようにした。ペースは3ヶ月に2回くらいとした。河村も講師として2ヶ月に1回の割合で参加し，スーパーバイズを行った。これにより，物理的に取組みの時間と場が確保され，また学校間の情報交換が刺激となり，内容的なレベルが保たれることにつながった。
③ 継続して成果を出してきた地域と新規参入の地域では，Q-Uの実施回数と専門家による詳細な地域・学校分析の有無に差をつけた。限りある予算を有効に生かし，学校間の意欲を喚起して，取組みが広がっていくことを期待した。

運営方針の修正による変化
　このような運営方針の修正により，推進会議には意識の高い地域や学校の推進者を集めることができるようになった。また，大変意欲的に活動が推進され，成果が確実にあがるようになった。
　推進会議では，推進者チームに次の点を形成することが重要であった。
①学校現場での確実な実行サイクル
　地域や学校でリーダーシップを発揮する意欲的な人材が推進会議に派遣さ

れるようになったことで，教育実践に関して市町を越えた建設的な議論がなされ，その議論の内容が持ち帰られて，学校現場で確実に実行されるようになった。

　それまでは，推進会議に派遣されてくる人材の意欲と能力，学校における影響力にはバラツキが大きく，会議で決まった内容が学校現場で実施されなかったり，校内へ持ち帰っても反対派教師の意見が大きく，実行できなかったりすることがあった。

②モデル・情報の共有

　推進会議では，講師から具体的なスーパーバイズを受けたり，各地域のうまくいった事例を交換したりして，各地域の推進者が情報を共有することができた。このような情報は，各推進者が学校現場で取組みを実行するときの具体的なモデルとなり，学校現場への確実な伝達に寄与することとなった。

　さらに，推進会議に定期的に参加する中で，推進者たちの間にインフォーマルな横のつながりができたことも，成果の上がった要因の一つである。県の指導主事の音頭で推進会議の後に夕食会が催され，そこでインフォーマルな情報交換がなされた。各地域が開発したチェックリストや啓発プリントを交換するなど，取組みの推進を自分たちで工夫するようになっていったのである。その夕食会には私も頻繁に参加させてもらい，忌憚のない思いを交換し合った。

③認め合いによる意欲の持続

　各地域の指導主事や各学校のリーダーたちは，本取組みを推進していく中で，それぞれの現場で教師たちのさまざまな抵抗にあった。それらの抵抗は，「理屈はわかるが自分はやりたくない」「そこまでやらなくてもいいだろう」というきわめて人間的なものであった。このような苦労を会議の仲間同士で語り合い認め合うことができたことも，推進者たちの意欲の持続につながった。

第3節
ネットワーク型取組みの推進の困難さ

　三重県では，①県の指導主事が市町の指導主事に，②市町の指導主事が各学校の教師たちに，③推進リーダーの教師が校内の教師たちにというように，段階的に本取組みの意義と目的を説明して理解してもらい，それを各学校組織で教師たちが実行していく形を取った。

　このようなネットワーク型の取組みが軌道に乗るようになるまでには，さまざまな困難があった。教育現場では，教育実践にあたる教師たちの「チーム連携」の必要性がずっと叫ばれているが，それは教師同士がチーム連携していくことが，いかに，むずかしいかということの裏返しであろう。さらに，今は教師同士だからといって，自然にチームとなって連携していける時代ではない。現代社会の人間関係の希薄さは，教師の世界にも広がっているのである。

　本取組みが学校組織に根づき，教師たちがチームとなって連携して取り組めるようになるまでには，その背景に推進者たちのさまざまな対応があった。本節では，そのような水面下の苦労に焦点を当てたい。

1 第一段階での困難さと対応の実態
県の各学校に方針を周知する段階

　全県的に悉皆研修を実施しても，その受け止め方は教師ごとにさまざまであり，人により大きな温度差があった。特に，本取組みはトップダウンではなく，ネットワーク型で推進しようとするものだったので，教師個々の意識を高めること，自発的な取組みにつなげることに，研修の主眼が置かれていた。これも，温度差が大きかった理由の一つであろう。

そもそも本取組みは、①Q-Uによって子どもたちの隠れた困り感を察知し、予防的に早期対応をする、②教育力の高い学級集団を形成して、子どもたちに開発的な対応をしていくことがねらいである。これには「教育実践を子どもの視点で捉えて対応していく」という、自らの教育実践の問い直しを伴う側面がある。「自分の困り感がなければいい」という教師視点から、「子どもたちは、ほんとうに学校生活で困っていないだろうか」という子ども視点への切り替えを、先生方に求めるものであった。

このような意義・目的を理解し、明日からの教育実践にすぐにつなげていけたのは、もともと意識が大変高く、すでにそのような教育実践をしてきた教師たち（a群）である。ただし、そのような教師たちは実は少数派で、大多数の教師たちは、主旨は理解するが、「そこまではできない」と実行まではいたらないことが多かった（b群）。

いっぽう、日々の学級で子どもたちへの対応に困り感を感じている教師たち（c群）は、必要に迫られて取組みを始めた。これらの教師たちは、企業が進出してきたり、ベッドタウンとして人口が増加している地域の学校に比較的多かった。

そして、取り組む意欲が最も低かったのは、日々の教育実践で困り感をあまり感じていない教師たち、現状の自らの教育実践に自信をもっている教師たち（d群）であった。

整理すると、この段階の困難さの中心は次の点にあった。

d群の一部の教師たちの抵抗と対応の実態

d群の中でも、着実に教育実践を続け、子どもたちの学級生活の満足感も高く、その結果、自らの教育実践に自信をもっている教師たちは、推進者が時間をかけて説明すると、結局いままでの教育実践を継続すればいいのだと納得し、自分の実践の成果がQ-Uの結果で裏付けられたと、最終的に喜んでくれた。そういう教師は、その後、強力な推進者となってくれた。

問題なのは、学級の子どもたちの多くが困り感を抱えているのに、教師本

人は困り感を感じていないd群の一部の教師たちである。このタイプの教師たちは，昔ながらの地域性が残っている郡部の学校にずっと勤務している，中高年の教師に多かった。いわゆる管理型の指導タイプが多く，子どもたちが自分の指導の下にきちんと従えている状態をよしとする傾向が見られた。そしてこれらの教師たちは，各学校で強い発言力をもっていることが多く，彼らの反対でその学校では本取組みが推進できないという実態があったのである。

c群の教師たちへのサポートのあり方と実態

日々の学級で子どもたちの対応に強い困り感を感じているc群の教師たちに対しては，明日の実践からどう対応すればよいのかという，具体的な方法論のサポートをこまめにていねいに行っていくことが求められた。推進者たちは時間の取れる限り，個別対応を続けた。

しかし，指導主事やリーダーの教師が頻繁に個別対応するには時間的な限界があり，ここに学校内の教師組織の中に，相互にサポートしあうシステムの構築が強く求められたのである。

b群の教師たちへの実行への促しの必要性と実態

強い困り感は抱えていないが，いずれ実践の変革の必要性を感じているのがb群の教師たちである。本取組みについて理解はしているが，現在は，強い困り感はないので，いずれ取り組もう，日々の教育実践の忙しさの中で，できる範囲で対応しようという，状態である。このb群の教師たちに対しては，実行してみるとプラスアルファの仕事はそんなに多くはない，Q-Uを活用すると教育実践が展開しやすいという便利さを実感できるようにサポートすることが求められる。

実際，学年内にa群の教師がいる場合，a群の教師といっしょに取り組んでみると効率よく実践に取り組め，Q-Uを活用する本取組みが自らの教育実践の向上につながるという実感をもつことができたという事例が数多く報

告された。

　身近にa群の教師のような同僚がいない場合，b群の教師たちには，推進者たちが時間のある限り，個別サポートを続けた。しかしそのような時間には限度があり，間隔があくと，b群の教師たちは日々の教育実践の忙しさに埋没してしまい，本取組みの実行は後回しにされてしまった。

　案ずるより産むが易しで，b群の教師たちには，まず学校全体の取組みの中に入って取り組み始めてもらうことが，手っ取り早いのである。ここにも，学校全体の組織的対応の構築が求められたのである。

a群の教師が学校をリードしていけるようなサポートのあり方と実態

　本取組みの意義を理解し，個人的にも実践をしているa群の教師たちが多数派を占める学校は，当初から学校全体で取り組みを行い，高い成果をあげ，それによって教師たちが実践の確かさを実感し，さらに意欲的に自主的に取り組むという流れができていった。

　しかし，a群の教師たちが少数派の学校では，彼らの取組みは個人的なものにとどまっていた。後で，全データを整理すると，低調な学校の中に，ポツンポツンと光る学級があった。

　a群の教師たちが校内のリーダー的な役割になるような学校体制づくりをサポートすること，彼らの学校を超えた地域ネットワークの構築をサポートすることが推進者の課題であったが，この段階ではできなかったのである。

2 第二段階での困難さと対応の実態
県の全教師に取組みを実行してもらう段階

　第二段階での困難さは，第一段階での問題が十分クリアされていない中で，教師たちに本取組みの実行を求める形になったことにある。くすぶっていた第一段階での問題が，地域や学校ごとにそれぞれの事情をからませながら表

出してきたことに対応する困難さということだと思う。

　この段階になってというレベルの問題が，校内では本取組みのリーダー格の教師に向けられ，それが市町の指導主事に回り，さらに県の指導主事にいき，最終的に私に相談が来るというありさまであった。

　P35で取り上げた学校のタイプ図で説明すると，B，Cタイプの学校で，本取組みの遂行においてさまざまな問題が生じた。おもに次のようなものである。

1　Cタイプの学校に生じた困難
　――取組みの主旨が校内で理解されず遂行されない――

C-1タイプの学校
　暴力行為などの三次的援助を必要とする問題が多く起こり，教師たちはその対応に追われ，予防・開発的対応まで考えられないという状態の学校である。

　本来，暴力行為などの問題行動が噴出して学校全体が荒れている場合，それへの対応だけを熱心に繰り返していても，もぐらたたきの状態に陥り，状態はなかなか改善しない。必ず，根本的な問題発生の芽をつむような予防・開発的な対応を同時に進めていかなければならないのである。しかしこのような状態に学校が陥っているとき，校内の教師たちは余裕を失い，目先の問題行動の対応だけに奔走して，疲労感が濃くなっていく。

　例えば，ある市の困難校と呼ばれる学校の場合，授業をさぼり校内で蝟集している子どもたちを注意すると教師が暴力を受けるなど，教職員に指導への無力感が蔓延しつつあった。毎月開催している生徒指導連絡協議会においても，困難校は問題の報告に30分以上も費やし，更生施設に措置される子どもが学年に3人もいるような状態だったのである。

　そこで県教委は，市教委からのSOSを受けて「生徒指導特別指導員」（P24参照）を派遣し，困難校を中心に，先生方のキャパシティを超えるような

課題生徒への指導を行っていった。この効果は大きく，市内の問題行動減少に大きく貢献した。また，学校が警察機関や福祉機関に抵抗なく連携できるように，各機関が連携するためのチームをつくって，市教育委員会がつなぎ役を果たしていった。さらに，「いちばんしんどい現場にいちばんたくさんかかわっていこう」との考えから，市の指導主事が実際に学校に足を運び，困難校に対して集中的にかかわることで現場を支えていった。人員確保や取組み面での予算的なサポートも格段に行ういっぽうで，きちんと取り組まない場合には予算を打ち切るなどの厳しい措置もとっていった。

このように，C-1タイプの学校では，学校の能力を超える三次的援助の部分に対してサポートを行うと同時に，市町の指導主事が予防・開発的な対応を含んだ学校体制の構築と対応の仕方のサポートをこまめに行うことで，大きな改善が見られた。学校が落ちつきをとり戻すと，教師たちは，その後，再び学校が大きく荒れないように，予防・開発的対応に意欲的に取り組むことが多かった。

C-2タイプの学校

C-1タイプほどではないが，学校ではさまざまな問題行動が発生し，かつ，それらの問題に対して組織的対応のシステムが学校に確立しておらず，教師たちがそれぞれに三次的援助の対応に追われ，疲弊している状態の学校である。

こういう状態の学校は，d群（P41参照）の教師たちの発言力が大きく，その主張は「子どもたちを押さえられないのは，個々の教師の力量の問題である」というものが多い。そのため，学校全体で指導を改善していこうとする兆しが見えないのである。強い態度で子どもを押さえられない教師たちは，発言力が低く，建設的な議論が行われない。

例えば，ある中学校では，「対教師暴力」を繰り返す生徒が1名だけであるものの，その生徒は他の生徒への影響力を強くもっていた。それまで校内に深刻な暴力行為はなかったが，この生徒が入学してからは学校が荒れ出し，

「生徒間暴力」を行う生徒も増加した。

　生徒の暴力行為に対して，管理職も教師の多くも経験不足のため，力で押さえつけることができる教師以外は，効果的な対策が打てずに悩んでいた。また外部機関との連携もしていない状況であった。

　そこで，短期的に教育委員会が介入して，対教師暴力行為を繰り返す生徒への指導に当たると同時に，校内の生徒指導体制の構築にていねいにかかわっていった。

　このタイプの学校では，市町の指導主事をはじめとする推進者が本取組みの主旨を説明しても，声の大きなd群の教師たちの反対，取り組んでもむだな理由ばかりを述べる等によって，実行まで進めない場合も見られた。推進者たちは，d群の教師たちの前ではけっして発言しない他の教師たちに，個々に本取組みの必要性を説明して回り，校内に取り組もうという風土作りを継続しなければならなかった。最も成果が上がらず，問題行動の改善も見られないタイプの学校であった。

2　Bタイプの学校に生じた困難
　　──腰が重く取組みが停滞している──

B-1タイプの学校

　暴力行為などの大きな問題は起こっていないが，不登校の発生率が高く，学校生活に対する子どもたちの不適応感が心配される状態の学校である。また，教師の組織的対応のシステムが学校に確立しておらず，校内の教師間で，子どもたちに行う援助レベルや対応する度合いに，大きな温度差がある。学校全体としては，できればこれ以上面倒なことはしたくはない，という停滞した雰囲気を持つ学校である。

　本取組みの成果をあげるためには，学校全体の組織的取組みとして定着させていくことが不可欠で，そのためには次の①②の両方を確立することが必要である。

①取組みの意義と目的が各学校の教師全体に共通理解される
②取組みを各教師の教育実践に位置づける学校体制と方法論を確立する

B-1タイプの学校では,推進者は①からサポートしていかなければならず,本取組みを推進していくのはC-2タイプの学校に次いでむずかしかった。教師側の困り感が少ないうえ,「面倒なことはしたくはない」という雰囲気が学校に満ちているからである。不登校の予防・開発的な対応の必要性や教育力のある学級集団を育成することが大事なことを,推進者がいくら説明しても,なかなか教師たちには響かないのである。

結局,一般論をいくら説明してもダメで,この取組みは,今は実感が薄いかもしれないが,いずれ自分たちの問題になること,似たような地域ではこのような取組みをしたらこのような成果が上がったということを,具体的に繰り返し説明することで,少しずつ改善されていった。

例えば,ある市では,不登校傾向から不登校にいたる児童生徒について毎月報告書の提出を各学校に求めていたが,不登校のとらえ方が甘かったり,学校間で認識の差があったりと,その内容には差異が見られた。そこで,不登校・不登校傾向生徒の報告書のひな型を新しく作成し,書き方のマニュアルも併せて提示した。このように,まずは,先生方の行動に働きかけることで,市内の学校が同じ基準で生徒を把握できるようにした。また,各学校から提出された報告書の見立てや対応に問題があると判断される場合には,市の教育委員会が指導・助言して軌道修正していった。

さらに,子どもに対する見立ての違いをカバーしていくための共通のものさしとしてQ-Uを積極的に活用した。例えば,子どもは家庭と学校では見せる姿が違うのと同様に,教師によっても見せる姿は違っていることが多くある。特に生徒指導担当の教師の前で,子どもが問題行動等の前兆を見せることは少ないものである。せっかく,他の教師からの情報が提供されても,生徒指導担当者が「私の前では問題がない」という発言をしてしまうと,他の先生方が,それ以上何も言えなくなってしまう現状もある。Q-Uという共通のものさしをもつことが,学級・学校間での対応のバラツキをなくし,

対応の遅れを防ぐことにもつながっていった。

つまり，B-1タイプの学校では，自分たちの問題であることの理解と，取組みの具体的な見通しをもってもらうことで，それならできる範囲でやってみようという動きがやっと生じ始めた。そこへ，引き続き②のサポートを定期的にすることで，少しずつ動きが始まったのである。

しかし，実際に各学校が動き始めるまでの道のりはかなり遠く，そこまでには推進者たちの地道で継続的な働きかけがあった。

B-2タイプの学校

暴力行為などの大きな問題は起こっていないが，不登校の発生率はやや高い。教師たちはそれぞれ意識的に子どもたちへの援助を行っているが，システムができていないので成果が出にくく，教師たちはだんだんと疲れ始めている状態の学校である。本取組みの推進を説明しても，また新しい仕事が増えるのかという感じで，反対はしないが，取り組もうという意欲は低いのである。停滞感は少ないものの，教師の組織的対応のシステムが学校に確立していないので，努力して取り組む割にはいつも成果が出ず，教師たちには倦怠感が出ているのである。

このタイプの学校では，推進者は組織づくりと方法論のサポートを中心にかかわっていく必要がある。本校の子どもたちの実態を全職員に説明して議論し，目標となる指標を提案し，そのためには学校の教師体制でどのようなことができるのか・していく必要があるのかということを校内研修会で，具体的に説明して議論し，学校組織体制と具体的な方法論を全教師で確認していくのである。そして，定期的に取組みの評価をしていくわけである。

例えば，ある市の場合，指導主事が，普段から学校現場をこまめに歩き，各学校の管理職や教職員，講師の先生方と粘り強く情報交換をしている。講師を招いて行う校内研修の前にも，学校へ足を運び，管理職や教職員のニーズをつかんで講師に伝える。研修会後は，管理職や教職員の感想や意見を聞いて，講師にフィードバックする。

あまり研修が望まれてない状態で，外部講師による研修会を企画しても，その場限りで終わってしまい，その後なかなか組織は動き出さなかった。いっぽう，外部講師の招聘がきっかけで大きく動き出す学校もあった。学校の児童生徒がどのような状況であるか，管理職の願いや教職員の意識など事前に，適切に，実態把握した学校である。つまり，外部講師が，どんなことを得意としているかを十分に理解し，学校のニーズに合わせて派遣するコンサルテーションの仕事を市教委（指導主事や研究所）が継続的に行っていったのである。現在は，たとえ，その学校のニーズに合っていてよいと思われる講師が確保できても，無理に研修をさせるのではなく，タイミングを待って講師を入れるようになっているという。

さらに，研修会で講師が話した内容や情報は，指導主事が必ず自分なりにまとめ，図や表にして学校へ送る。Q-Uの分析方法なども，講師の話を元にマニュアルを作って学校に配布する。このように，各学校が講師の話を聞きっぱなしにしない工夫，その場限りではなく，継続した取組みを定着させるフォローアップもこまめにしている。そして，一つの学校のよい取組みが，隣接する小学校や中学校へ広がっていくように，学校をつなぐ役割を教育委員会が積極的に担っていった。

B-2タイプの学校は，B-1タイプの学校と比較して，意義を共通理解する部分はクリアーしているので，学校組織体制と方法論にそって学校が動き始めると，その後は定期的なサポートをしていくことで，徐々に教師たちで取り組むようになった。そして，成果が表れ始めると，自分たちで意欲的に取り組むようになっていった。いっぽう成果がいま一つ伸び悩んでいる場合は，方法論の微修正を検討し，教師たちの努力を積極的に評価しながら意欲の維持をサポートしていくのである。

以上のことからも，本取組みを実行し成果をあげていくためには，学校全体の教師の組織体制の構築がまず必要であるということが，第二段階での試行錯誤の成果である。

問題は，地域や学校の特性に応じて，①どのような学校全体の教師の組織体制を構築していくのか，②学校全体の教師の組織体制をどのように構築していくのかがポイントになる。

　①はすべての学校が一律に同じ体制とはいかない。やはりその学校の事情を考えて，柔軟な体制にする必要がある。ただ，押さえるべき点は序章の「注目すべき学校」の条件に近づけることである。

　②は①，②の順で着実に確立していくことが求められる。特に，B，Cのタイプの学校では，一度みんなで確認できたからOKというわけにはいかない。定期的に確認することが，ブレない取組みにつながり，かつ，取組みのマンネリ化や形骸化を防ぐことができるのである。

3　第三段階での困難さと対応の実態
学校単位の組織対応として定着をめざす段階

　第一段階，第二段階の困難さとその対応を経て，この段階での推進者の困難さは大きく減少したと思う。第三段階では「全地域一律」から「選択と集中」へと方針を修正し，事前に本取組みに対して独自の明確な目標をもった学校を集め，しっかりと契約し，学校全体の教師の組織体制のもとで本取組みを展開することになった。

　リーダーの教師を中心に各学校が自主的に取り組んでいくのを，市町の指導主事は定期的に学校を訪問して確認したり，問い合わせがあった場合にサポートしていくという形である。それを県教育委員会が招集する定期的な推進者会議で，情報交換をしたり，問題点が出た場合は，全員で検討して方針を定めていった。学校現場への伝え方も工夫されたのである。

指標・座標軸にそった議論の必要性
　推進会議の議論が建設的で問題解決型になったのは，Q-Uの枠組みに即

した詳細なデータ分析の結果が示され，それを元に話し合いを進めるようになったことが大きい。本取組みに参加した地域・各学校の全データは，私もかかわっている心理統計分析の専門機関である「NPO実証心理教育研究所」に委託し，取組みの評価を地域ごとに定期的に詳細に分析を行い，その後の展開の指針としたのである。

　取組みの詳細な評価・データ分析結果は，多くの推進者たちが集まって本取組の推進を検討していくうえでのよりどころとなった。指導力と経験豊富な多くのメンバーが集まって議論する場合，共通の指標となるものがないと，議論は活発になり広がっていくが，まとまらなくなってしまう。そこにQ-Uの枠組とデータがあることによって，推進者たちのそれぞれの意見や考えが，Q-Uという座標軸と評価の上に整然と整理されていった。その結果，推進会議としての考え方や方針も定まっていった。

　このように，推進会議の考え方や方針は推進者全員で議論し練り上げたものなので，他人事ではなく，推進者個々の地域や学校のものとして意識されていった。そのため推進者たちに「やらされ感」はとても少なく，自主的に実行されていったのである。

今後の課題：教員組織での対応システムの維持
　教師組織での対応システムを確立することがむずかしいのと同様に，それを学校の実態に合わせて，毎年継続して運営していくことも，むずかしいことである。

　最も大きなハードルは，年度が変わったときである。かつて素晴しい実践を展開していた学校も，管理職も含めて教師たちの異動がある中で，その取組みが完全に風化してしまっている例はとても多い。数年経つと，システムを確立したときの教師がほぼいなくなってしまうためである。

　今回，三重県でネットワーク方式が採用されたのには，その対策の面もあった。教師たちがその必要性を実感できない取組みは，学校に根づかず，風化がとても速いからである。

システムを維持していくためのおもなポイントは，次の3点である。

①能力の高い特定の教師たちに依存したシステムにしない
　ふつうの能力の教師が担当できる役割・仕事量を単位としてシステムを確立すること，各分担の役割と責任を明確にしておくことが大事である。
②年度始めや学期始めに，対応システムについて確認する会を設定する
　校内での風化を防ぐ対策としての会を職員会議の中に位置づけて実行する。全教師で，その学校の対応システムについて，一つ一つ確認していくのである。以前からその学校にいる教師も，改めて確認する姿勢で取り組むことが求められる。教師間での理解の温度差の発生が，組織対応の風化を呼ぶのである。
③各学校のよい教育実践が風化しないように，未然予防を定期的に行う
　これは教育委員会に求められるサポートである。年度始めや学期始めに，文書や訪問を通して，各学校へ今年の体制を確認すること。特に，管理職が異動した学校には，必ずコンタクトを取っていくことが必要である。

中年期の発達課題

COLUMN

河村茂雄

　学級の子どもたちの多くが困り感を抱えているのに，教師本人は困り感を感じていないｄ群の一部の教師たち（P41参照）に見られる問題のむずかしさは，一人の人間としての発達の問題が絡んでいることである。40歳以上の人間の発達の課題は，自分の従来のアイデンティティを，加齢に伴う身体の衰えも含めて現在の実態に合わせて再統合することである。価値観の修正も伴ってくる。

　この発達課題を乗り越えた人は，人間の弱さを受容し，自分個人の目標の達成から，徐々に，社会に貢献できる次の世代を育成する中に自分の存在の意義を見出していくことが多い。組織では，自分が常に表舞台で動くというより，土台を陰ながらしっかり支える役割をとるようになる。

　この発達課題について自己への問い直しが少ない人は，頑なに今までの自分を守ろうとする。今までうまくいっていたと思っているやり方にこだわるのである。違う視点や異なる方法論を言われると，自分が否定されたように感じて激怒し，話を聞くこと自体を拒んでしまう傾向がある。中高年の人に見られる頑固さである。ｄ群の一部の教師たちには，このタイプの人が多く見られた。かれらにとって本取組みにかかわることは，自分を否定されたように感じられて，強く抵抗を示すことが多かった。

　この問題は根が深く，推進者たちが説明してもなかなか協力してくれないばかりか，露骨に反対・批判を受けることが多かった。結果的にこの問題は第三段階（P50参照）の時点まで尾を引き，学校組織で実行する段階になって仕方なく取り組むという形が多かった。そのため，このタイプの教師が多数を占める学校は，今回は本取組みから除外する，という方針をとらざるを得なかった。

　ただ，最初は仕方なく取り組んでいたが，徐々に本取組みの意義に気づき，変容した教師もいたのである。推進者たちはｄ群の一部の教師たちに本取組みの主旨を粘り強く説明し，方法を提案する取組みを続けた。

第4節
本取組みのまとめ

　三重県教育委員会の取組みは，平成19年度から3年計画で実践された。その後も実践は続いているが，この3年間を振り返り，成果をまとめておきたい。

1　本取組みの成果

　本取組みの成果は，文部科学省から毎年発表される，不登校や暴力行為の発生件数の数値に表れるほど，確実なものとなった。①暴力行為の減少は特筆に値するし，②不登校の減少にも地道な成果が表れている。特に，同じ名古屋経済圏に属する東海3県との比較を見ると，他県は不登校発生数が増加

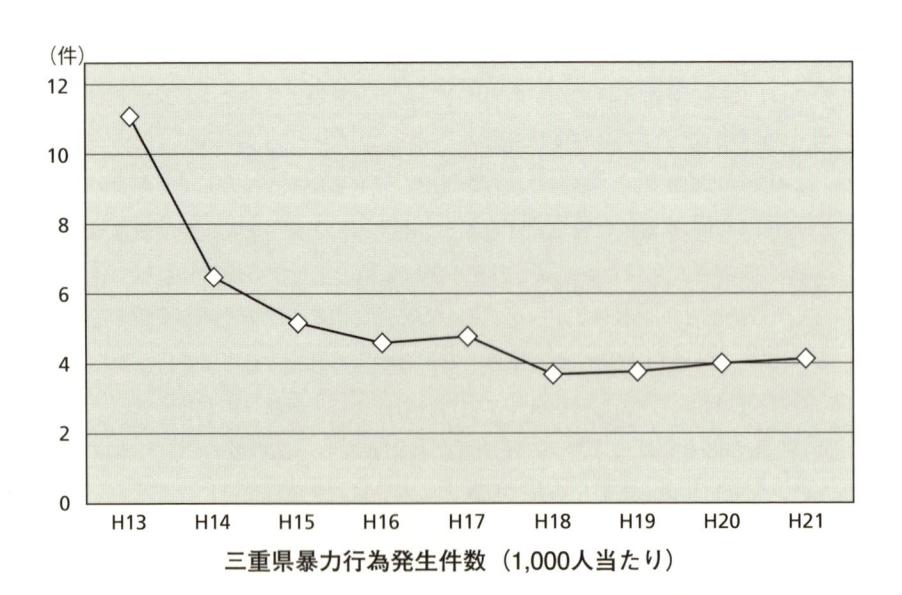

三重県暴力行為発生件数（1,000人当たり）

54

傾向にあるなか，三重県では微減を維持している。いち早く予防的な取組みを行ったことの成果をうかがうことができる。

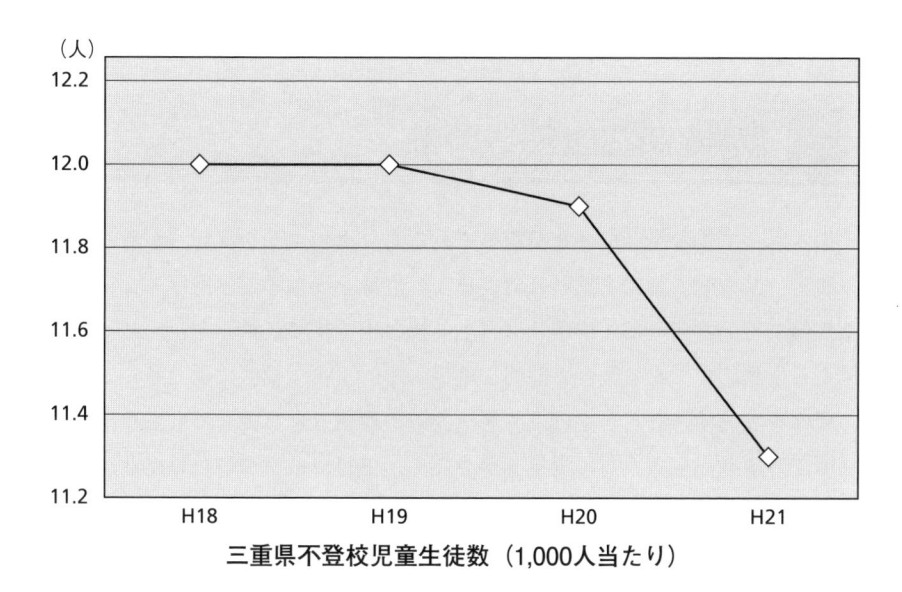

三重県不登校児童生徒数（1,000人当たり）

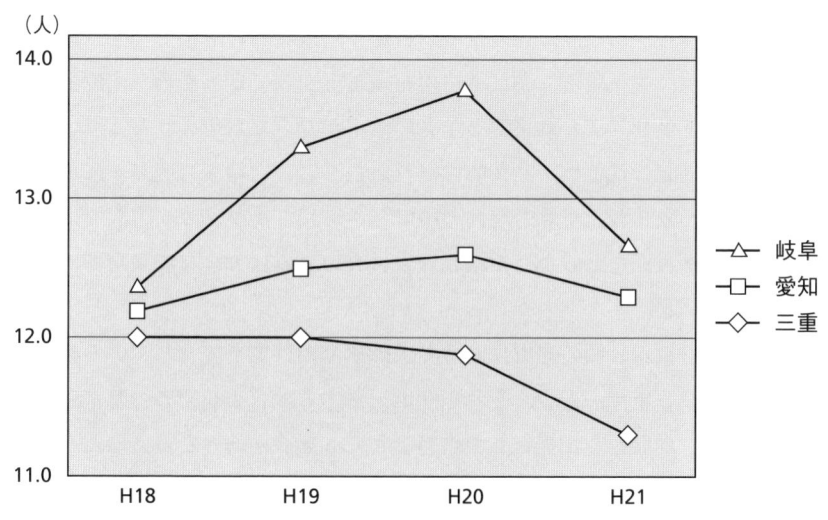

東海3県における不登校児童生徒数（1,000人当たり）の比較

そして何よりも，予防開発的な取組みを通して，子どもの視点を中心に据えた学級経営や教育実践の考え方が，徐々に三重県の学校現場に根づきだしてきたことが，いちばん大きな成果であると言えるだろう。

2 取組みのプロセスについて

振り返って本取組み全体を俯瞰してみると，次のような反省点がある。第一段階，県の全教師に三重県教育委員会の方針を周知する段階は，より小さな規模で行い，例えば1中学校区（小学校と中学校で20校くらい）ごとの教師たちを集めて，ある程度の時間を確保する，1中学校区により多くの回数の研修を実施するなどとすれば，第二段階の取組みを実行してもらう段階において，より先生方からの抵抗感が少なく，実行に結びついた可能性が高いだろう。

第二段階でも，最初から，「学校体制のもとで全教師が熱心に取り組んでいる地域に予算と講師派遣を集中させる方針」をとり，そこから確実な成果と取組みの内容が口コミで他の地域に広がり，最終的に全県で実施されることをめざせば，第三段階，学校単位の組織対応として定着をめざす段階により長い期間をとり，より効果的な予算の活用ができたと思われる。

しかし，上記のことは，具体的に試行錯誤を続けた結果，明らかになったことである。限られた予算と時間の中で，さらにトップダウン方式ではなくネットワーク方式をとった三重県教育委員会の試みは大きな成果をあげたと私は考えている。

学校全体の教育目標の達成に向けて教師個々の目標を統合していく必要性が高まっている中で，かつ，それをサポートする教育委員会の役割が問われている中で，本取組みが提起した内容はとても意義があると言えるだろう。各地域で同様の取組みに挑戦しようと考えたとき，三重県の本取組みは有効なたたき台になるはずである。

3　ネットワーク方式の取組みの意義

　「県教育委員会➡市・町の教育委員会➡各学校」のトップダウン方式ではなく，「県教育委員会⬄市・町の教育委員会⬄各学校」のネットワーク方式をとった今回の三重県の取組みは，学校教育のあり方，教師が教育実践に取り組む姿勢に，大きな一石を投じたと思う。

　各学校の独自性，各教師の専門性を尊重しながら，県の方針に理解を求め，話し合いを重視し，一つ一つ積み上げていった本取組みは，教師側に「やらされる」のではなく，「納得して自ら取り組む」形を求めるものであり，一度根づけば，各学校・各教師が自発的に取り組むようになり，各教室における日々の教育実践がより充実していくことが期待される。

　本取組みには，教師に教育実践の専門家としての自覚をより促し，専門家としての技量を自ら向上させようという内発的な動機を高めることで，教育実践を向上させようという，願いが内包されている。そして，そのような教育実践の専門家として自覚の高い教師集団が，各学校で相互に切磋琢磨し合い，相互に支えあうことで，各学校の有する教育力は，より向上していくものと考えられる。

　これからの学校教育の成果は，施設や機器などのハード面ではなく，教師集団が生み出す教育実践のあり方（ソフト面）が，より重視されるだろう。一つの教科に子どもたちを何時間取り組ませたかだけではなく，その学習がどのよう学級環境で，どのように展開されたのか，つまり量よりも学習の質が，より重視されてくると思うからである。

　そう考えると，三重県の今回の取組みは，「いじめ・不登校・暴力行為の未然防止」というテーマを掲げながら，教育実践の根本的なあり方に踏み込んだという点でも，じつに先進的なものであったと思う。

三重県のデータ分析から見えてきたこと　―その1―

　本コラムでは，第1章で述べてきた三重県教育委員会の取り組みについて，その裏付けとなったデータ分析の内容についてまとめる。

　不登校，いじめ，学級崩壊など，学校や学級で早急に解決しなければならない問題に対して，学校現場では次の3つの対応方法をとることが考えられる。

> ①全児童生徒を対象にした，オリエンテーションの強化などの予防的対応，ソーシャルスキルトレーニングなどの開発的対応を行い，学級集団を良好に育成する学級経営により問題の発生を事前に抑制していく方法（一次的援助中心）
> ②問題発生の兆候が見られる児童生徒を早期に発見して，早期に個別対応する方法（二次的援助中心）
> ③問題の発生を確認したあと，問題を抱えた児童生徒に対して個別対応していく方法（三次的援助中心）

　従来，学校現場では③の方法がとられることが多かった。しかし，「個々の課題に限定して支援する」もしくは「問題が起こってから支援を開始する」という消極的な取組みでは，問題の解決が長期に渡る場合や，ひとつの問題が解決されるとすぐ別の問題として表出してくる場合が多く見られた。また，不登校，いじめ，学級崩壊などの問題では，学級や学校全体の教育環境を視野に入れた対応も行っていかなければ，根本的な問題解決には至らないことが明らかになってきた。つまり，①②③は常に並行して取組んでいかなくてはならず，学校では特に①②の対応をより重視することが求められるのである。

　三重県では平成19年度より，①②の対応を重視した学級集団の良好な育成をめざして，河村茂雄先生の協力の下，学級経営の継続研究を続けてきた。その研究から見えてきたことを次に記す。

COLUMN

武蔵由佳

1．平成20年度の不登校調査から

三重県では，不登校の未然防止をテーマに，①②の対応をより重視した研究および実践的な取組みを行い，第1章に述べられたように，数年間にわたる研究と取組みにより，不登校数の増加を抑えてきた。

この背景として，前年度に不登校であった児童生徒の35～50％は出席日数に改善が見られる一方で，翌年度に入り新たに不登校になってしまった児童生徒が15～20％存在することがデータから明らかにされた。つまり，不登校からの復帰を促進する3次支援が有効に働いていることが確認できる一方で，新たに児童生徒を不登校にさせない予防的な支援の必要性も明らかになったのである。以上から，新たな不登校の芽を早期に発見し，児童生徒へ早期に対応するという2次支援の重要性が浮き彫りになってきた。

2．平成21年度の学校の取り組みの経年変化から

第3章で紹介する山郷小学校や紀北中学校では，未然防止の取組みを3年間継続して行い，その間，年に2回ずつQ-Uを実施した（毎年5～6月と11～12月）。その経年変化を見るために，Q-Uの承認得点と被侵害得点の平均値を算出すると，①②への取組みを始めた1年目の第1回目調査，第2回目調査，2年目の第1回目調査と，回を重ねるごとに徐々に得点が上昇していることがわかった（次ページグラフ参照）。第2回目で得点が下がるケースも多くあるなか，これらの学校はよい結果を出していたといえる。ただし，統計的な検定を行ってみると，これら3つの時期に有意な差はなかった。いっぽう，取り組み2年目の第2回目の調査には，統計的にも有意な得点の上昇が見られた。

ここからは，取り組み1年目はQ-Uの活用の仕方を学ぶ段階となり，2年目には前年の取り組みを経てこんな風に取り組むとよいのだという見通しができ，そして2年目の第2回目調査の頃にはQ-Uの結果からも教職員が手応えを実感しはじめた時期ではなかったかと考えられた。その後，取組み3年目の

三重県のデータ分析から見えてきたこと ―その2―

第1回調査と第2回目調査でも得点の上昇が見られ，取り組みが引き続き高い水準で維持されていることが伺われた。以上のことから，ある程度の期間，継続して取り組むことが有効であると考えられた。

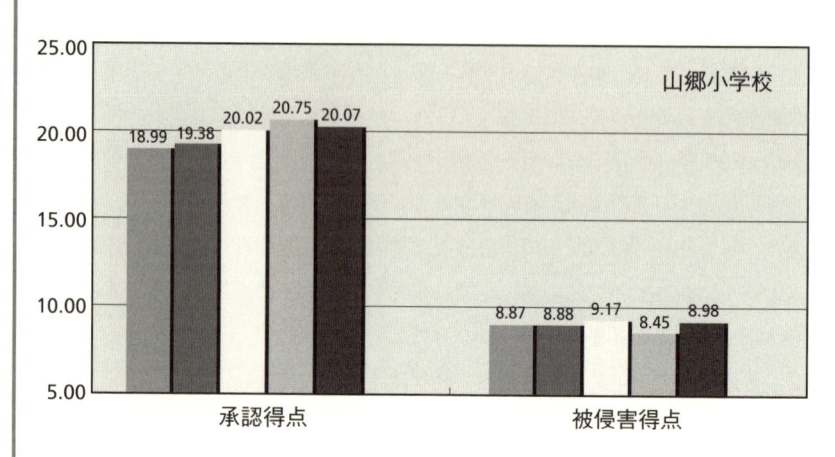

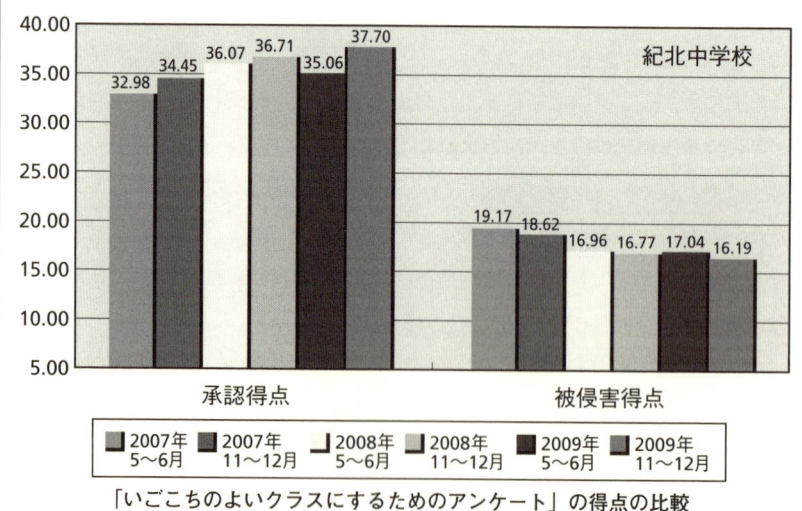

山郷小学校

承認得点：18.99／19.38／20.02／20.75／20.07
被侵害得点：8.87／8.88／9.17／8.45／8.98

紀北中学校

承認得点：32.98／34.45／36.07／36.71／35.06／37.70
被侵害得点：19.17／18.62／16.96／16.77／17.04／16.19

凡例：2007年5～6月／2007年11～12月／2008年5～6月／2008年11～12月／2009年5～6月／2009年11～12月

「いごこちのよいクラスにするためのアンケート」の得点の比較

COLUMN

3．平成21年度の研究対象校の比較研究から

　この時期になると，集団育成の視点から学級経営を行う傾向が，各学校現場に根付いてきた。しかし，実際の取組みの様子を見てみると，取組みが教師個人に委ねられている学校と，学校全体の問題として一斉に取り組んだ学校とでは，その成果が大きく異なることがデータ分析から明らかになってきた。つまり，学校全体の取組みになっているか，校内体制ができているかということが，成果に大きな影響を与えていると推測されたのである。そこで，平成21年度には，研究対象校を下記の2群に分類してその成果を比較検討した。

> 【A群】学級の集団状態の調査（Q-U）を実施したら，必ずその結果を検討する会を校内全体で定期的に設定し，その内容をもとに各教師が実践した学校　＜調査は5月，6月，11月に実施＞
>
> 【B群】学級の集団状態の調査（Q-U）を実施したら，結果の検討とその後の実践を，教師個々に委ねた学校　＜調査は5月，11月に実施＞

　5月と11月の結果を比べた分析結果では，【A群】【B群】ともに取組みの成果が現れていた。しかし，両者を比較分析した結果では，【A群】の学校のほうが向上率が有意に高かったことが明らかになった。

4．まとめ

　以上から，不登校，いじめ，学級崩壊など学校や学級の問題では，①②③の対応を常に並行して取組むことが求められること，とくに学校現場では①②の対応をより重視することが必要である。また，①②に関しては，アセスメントと対応の指針の検討を，校内の全教師で各学級について検討することが求められる。これによって，各教師のウィークポイントを補い合うことができ，また実践で押さえるポイントを共通理解することで，学級ごとの成果のばらつきが少なくなり，学校全体の向上を得ることができると考えられるからである。

第2章 市教委の視点から
――ニーズに応じた学校サポートの実際――

第1節 いなべ市教育委員会の取組み

【三重県いなべ市】
　いなべ市は，北に多度山脈，西に鈴鹿山脈をいただき，ほぼ中央を流れる員弁川を挟んで緑豊かな自然，平野に囲まれた地域である。中部圏域の一画に位置し，滋賀県，岐阜県に接する三重県の北の玄関口となっている。良質米の産地であるとともに，お茶の産地でもある。また，藤原岳の豊富な天然資源（石灰岩）が早くから利用され，セメント工場が操業されている。近年では，企業誘致により自動車関連メーカーをはじめ多くの企業が進出している。――いなべ市HPより――
　いなべ市教育研究所の片山司先生にお話をうかがった。

1 いなべ市の課題

　いなべ市は，中学校4校，小学校15校を抱える。住民は，以前は3世代同居の家族が多かったが，名古屋市の通勤圏内であることや大きな企業があることから新たな住宅・アパートが建ち，旧村地域と新興住宅地が混在する地域が増えてきている。伝統的な共同体が失われつつあり，住人たちの価値観

も多様化し，変化にさらされている地域といえる。

　いなべ市では，伝統的に「員弁の教育」として，地域教材の開発やきめ細かい教材研究を元にした授業研究がさかんに行われてきた。1～2学期には集中研修期間を設定し，授業公開を中心とした校内研修会を行ったり，年間を通して全教員が授業公開をするなどの取組みが根づいていた。また，各担任が作成した学級経営のレポートを交流して，全教職員で全校児童生徒を見ていくということも大事にされてきた。子ども一人一人の実態を適切にとらえることを，いなべ市の先生方は「子どもづかみ」という言葉で表現する。

　平成19年度に「問題を抱える子ども等の自立支援事業」が開始された当時，いなべ市は不登校問題が他地域に比べて少ない現状があった。そのため，「問題行動の未然防止」という本事業のねらいは理解されても，それに対する先生方の問題意識はそれほど高いものとはいえなかった。また，授業研究がさかんに行われているなか，生徒指導的な新しい取組みが導入されることに対しては，先生方の多忙感がますます大きくなることが予想された。

　しかし，市全体の様子を見てみると，徐々に落ち着きのない子どもが増え始め，一斉授業がうまく成立しないような学級もしだいに現れ始めており，教師の指導行動と子どもたちの実態のズレが徐々に大きくなっていることが懸念されていた。いなべ市教育委員会の課題は，まだ大きな問題が意識されていない状態で，いかに先生方の問題意識を掘り起こしていくか，いかに先生方の負担感を軽減できるように，システマティックに効率的な取組みができる組織づくりと方法論の確立をサポートしていくかということであった。

2　取組みに伴う困難と具体的対応

1　苦戦した1年目

　いなべ市教育委員会では，平成19年度に三重県の「問題を抱える子ども等

の自立支援事業」がスタートしたことをきっかけに,北勢中学校区(中学校1校,小学校4校)でQ-Uを実施することを決定した。中学校区を対象に導入することにより,小・中学校の教職員の中で「子どもを見るものさしをそろえよう」という意図があった。

いなべ市では,もともと10年ほど前から河村茂雄先生を講師に招いて講演会や研究会を実施しており,学級づくりに関する学習も継続して行ってきたが,学校予算ですでにQ-Uを実施していた3校を除いては,教職員の認識は「そういうアンケートがあるのか」という程度であった。

県の事業が始まってからは,未然防止の取組みとQ-Uについて理解してもらうために,実施校となる北勢中学校区の各学校に基本的な内容の研修会を行っていった。しかし,Q-Uの結果を十分に使いこなして,学級づくりの改善に取り組むところまでにはいたらなかった。先生方は,学級集団の様子を記したQ-Uのプロット図(最初の1枚)を眺めるだけで終わってしまい,その後,データは金庫の中に大事に保管されてしまうのである。

「これではいけない」と,活用事例を紹介した関連図書なども配布したが,自主的に読まれることはほとんどなかった。現場の忙しさの中で,分厚い本から入っていくことは困難だったのである。使い込めば実践の役に立つことが明白でも,まずはその入り口として手軽に使ってもらい,便利さを教職員に理解してもらうことにていねいに取り組んでいく必要があった。

2　学校が動き出すきっかけづくりができた2年目

2年目は,まず教職員の意識を同じ向きにそろえることから始め,そろったところで大きくするという流れで取り組んだ。各学校での取組みをベクトルに例えるなら,ベクトルの要素には「向き」と「大きさ」がある。取組み1年目は,先生方のベクトルの向きがそろっていないのに,それを大きくしようと無理に進めて,抵抗感をもたれてしまった学校もあった。このような反省から,まずは小さくても同じ向きにそろえる作業を大事にしていった。

ベクトルの向きをそろえる取組み

　前述のように，Q-Uの結果の活用について各学校にまかせることはむずかしかった経験から，中学校区の教職員（100名程度）を一堂に集め，Q-Uに詳しい外部講師を招いて，「Q-Uの理解と対応」に関する研修会を開いた。全職員に一斉に同じ話を聞いてもらうことで，共通理解をつくり，取組みを進めていく素地をつくろうという意図であった。

　ねらいどおり，外部講師等の話を聞いてから，一気に取組みが充実する学校がでてきた。そこで，さらに講師を招いて，各学校に対するより実践的な助言をもらうようにした。講師には各校を年間1回程度訪問して，各学校で定期的に行われている授業研修会等に参加してもらった。このような学校で，一気にQ-Uを活用した集団づくりに対する理解が進んでいった。

　先生方の中には，Q-U実施後の学級の取組みとして，エンカウンターやソーシャルスキルトレーニングのエクササイズを必ず実施しなければならないと誤解してとらえている場合も多く，苦手意識をもつことにつながっている部分があった。しかし，講師の話から，エクササイズをすることが目的ではなく，学校行事や係活動，日常の授業の中に，どんなねらいを入れ込んで，実践を行おうとしているのかを学べたことで，それらの抵抗感が下がったようであった。

　学級をルールやリレーションの形成状態から見て，実態に合った指導を行っていこうとするQ-Uの学級集団育成の考え方が，スムーズに伝わるようになっていった。

研修体制の充実を図る

　Q-Uのように子どもたちの実態を知るためのアンケートは，実施したらすぐに学級担任が自分で結果をチェックし，日常の観察と合わせながら対応を考えていくことにこそ，実施の大きな意味があると考えられる。しかしQ-Uに取り組み始めた段階では，結果が返却されても，分析がむずかしいといって金庫の中にしまっておく姿や，年に数回来る外部講師や指導主事の

分析に頼る姿が各学校で見受けられた。

　指導主事の立場から2年目の各学校の取組みの進み具合を見ていると，外部講師を呼んで行った研修会後の動き方によって，大きく違いがあることがわかってきた。外部講師に授業研修会等で助言をもらった後，自分たちでも校内研修を実施した学校では，一気にQ-Uに対する理解が進み，学校体制での組織的な取組みが活性化していった。しかし一方で，外部講師を招聘しながらも，学級担任等の個別相談で終わってしまったところは，なかなか学校全体で動き出せないという特徴も見られた。各先生がバラバラで動いているうちは，担当者の負担感が大きくなり，学校全体での動きにまでつながらないのである。また，中心となっていた先生がその学校から異動すると，全く白紙の状態にまで戻ってしまうおそれもあった。

　未然防止の取組みを進めていくためには，校内の研修体制に融合させていくことが重要であり，そのためには研修会を進めていく核となる教職員の存在が必要だと感じられた。そこで，これまでに外部講師から学んだ分析の方法を蓄積し，各学校のリーダーを中心に研修を自分たちで進められるように手順化していった。

　まず，Q-Uの結果シートが返ってきたら，各自で結果を見るために，最低限どんなことに取り組んだらよいかがわかる「簡易マニュアル」を作成して，先生方に配布した（P67参照）。マニュアルは，現場の先生方の多忙さに配慮して，A4判1枚程度の簡便なものにした。

　このほかに，もう少し詳しい分析のためのマニュアルを作成した（P68～70参照）。これは，学級集団や子どもに対する担任の理解を深めるために行うと効果的な作業を手順化したものである。もともとは，指導主事が各学校に説明に回るときの手持ち資料として作成したものであるが，「自分たちで分析をするときのためにほしい」という声が先生方から上がり，研修会後に学校へ1部置いてくるようになった。その後，一人一人の先生の手元に届けたいと考えて，配布するようにした。

Q-U の結果を活かすために

(1) 結果シートが戻ってきたら，できるだけ早く，「結果のまとめ（帳票①）」や「学校生活意欲プロフィール（帳票②）」のほか，「回答一覧表（帳票③）」を分析してみましょう（分析の方法は整理票を参照）。

(2) これからの取組みに活かすために
　　☐ 要支援群の子どもの名前を他の先生に伝えたことはありますか？
　　　　要支援群の子どもの対応は担任一人ではむずかしい面があります。名前を共有できていると，折に触れて他の先生のかかわりも増え，負担が減ることがあります。
　　☐ 意外なところにいる子どもの回答表を確認しましたか？
　　　　何が意外だったかを確認すると，その子の新たな一面が見えてきます。そこから新たなかかわり方のヒントが見えてきます。
　　☐ 気になっている子どもの回答表を確認しましたか？
　　　　回答表から見えてくることをきっかけに関係をもちやすくなります。

(3) かかわり方のポイント……縦型学級にしても横型学級にしても基本は人間関係。先生とその子との関係で変化します
　・縦型学級での実践のポイントは，子どもとの関係で先生が感じた<u>うれしいこと，いいなと感じたことを伝えること</u>。
　・横型学級での実践のポイントは，<u>よいところをしっかりとほめ，悪いところはきちんと伝えること</u>。先生が見本を見せると伝わりやすい。

　　ルールを「守れない」ときを見逃さない　←　確認する・指摘する
　　ルールを「守っている」ときを見逃さない
　　　　　　　　　　　　　　　　　←　ほめる・勇気づける・認める

　　※結果シートが返却されたらすぐに，学年や部会の先生，あるいは全教職員等複数の目で見るように心がけてください。

Q-U 結果「簡易マニュアル」の一部（いなべ市）

Q-U 結果の整理票

　この整理票は，結果シート返却時に担任の見立てをはっきりとするためのものです。結果シート返却後すぐに記入してください。担任の見立てと Q-U のプロット図にズレがあってもかまいません。ズレているということを意識して子どもを見てください。　河村茂雄『Q-U による学級経営スーパーバイズガイド』(図書文化)より

【1】クラスの背景
　　☆人数〔　　〕人：男子〔　　〕人　女子〔　　〕人
　　☆学年の特徴（★校内研修会の場合は学年の特徴のみ簡潔に）：
　　☆学校・地域の特徴：
　　☆学級編成の状況：
【2】担任が問題と感じていること
　　「女子のグループ化」「リーダーが全く活躍していない」など，簡潔に
【3】学級委員等の公的なリーダーの児童生徒
　　（番号と簡単な説明）3，8　など
【4】クラスで影響力の大きい児童生徒
　　（番号と簡単な説明）12，14　など
【5】担任にとって態度や行動が気になる児童生徒）
　　（番号と簡単な説明）16　など
【6】プロットの位置が教師の日常観察からは疑問に感じる児童生徒
　　（番号と簡単な説明）12，22，7　など
【7】クラス内の小グループを形成する児童生徒
　　（番号と簡単な説明）5・3・13　　7・11・17　など
　　（★プロット図でグループ別に位置を確認してください）
【8】4群にプロットされた児童生徒に共通する特徴（★顕著なものがあれば）
　　・満足群……………グループ化して，勝手なことをしている子が多い　など
　　・非承認群…………まじめでおとなしい子が多い　など
　　・侵害行為認知群……
　　・不満足群…………
【9】担任教師の方針
　　（★簡潔に）
【10】1か月後にどんなふうになっているとよいか
　　（★簡潔に。短期の目標です）

Q-U 結果の整理票（いなべ市）

Q-U 結果の整理方法（1/2）

◎準備するもの
　Q-U 結果シートのコピー（すべてのシートをA4サイズに縮小），Q-U 結果の整理票（担任が記入），蛍光ペン・色鉛筆等6本程度

0　結果シートが返却されたら，まず行う作業
　結果シートを見ながら「Q-U 結果の整理票」に自分の見立てを記入する。
　（自分の見立てとデータとのズレがある場合は，それを意識することが大切）

I　おおまかな整理（★学級のイメージをもつために）

「結果のまとめ（学級プロット図）」の整理
①男女の色分けをする
　　（★男女の位置関係を見やすくするため）　　　　　　整理票【1】
②学級委員などの公的リーダーをチェックする
　　（★位置によってどのように機能しているか見やすくなる）　整理票【3】
③学級に影響力のある子をチェックする
　　（★友達関係を見ていくうえでのヒント）　　　　　　整理票【4】
④担任にとって気になる子をチェックする
　　（★その子の位置から今後の対応が導きやすくなる）　整理票【5】
⑤担任にとって意外なところにいる子をチェックする
　　（★そのズレからその子のさらなる特徴が見やすくなる）　整理票【6】
⑥学級における小グループのメンバーをつなげてみる
　　（★友達関係を見ていくうえでのヒント）　　　　　　整理票【7】
⑦hyper-QU の場合は，解説文の気になるところにラインを引いておく

「学校生活意欲プロフィール（個人別のグラフ）」の整理
①数値の低い項目をマーキングする
②「全体的に数値の低い子」「一項目だけ数値が低い等アンバランスな子」など気になる子については，必ず学級プロット図で子どもの位置を確認する

Q-U 結果「個別整理の仕方」マニュアル①（いなべ市）

Q-U 結果の整理方法 (2/2)

Ⅱ 細かな整理（★学級の特徴・個人の特徴が浮かんでくる）

①回答一覧表B（居心地のよいクラスにするためのアンケート）において，各項目のネガティブな回答（承認得点は1・2点，被侵害得点は3・4点〈中学校は4・5点〉）に蛍光ペンでチェックし，各項目ごとに下の空欄にチェックした数を合計する。

②回答一覧表Bを見ながら，分析AとBを行う。

　※**分析A**　→　たくさん塗られたところに注目！
　縦にみる……学級の特徴が見えてくる。対応策を考えるうえで切り込むポイントが見えてきやすい。たくさん色の塗られた項目が課題のあるところ。
　横にみる……個人の特徴がわかる。配慮を必要とする子が見えてくる。

　※**分析B**　→　塗られた数字に注目！
　子どもが1点あるいは4点（中学校の場合は5点）をつけたものは，「とてもそう思う」というはっきりした意思の表れととらえ，2点あるいは3点（中学校の場合は4点）との意識の差は大きい。特に1点あるいは4点（5点）と答えている子に注目をする。

③回答一覧表A（やる気のあるクラスをつくるためのアンケート）において，各項目でネガティブに回答したもの（1・2点）に蛍光ペンでチェックし，各項目ごとに下の空欄にチェックした数を合計する。

④回答一覧表Aを見ながら，②と同様に分析AとBを行う。

Q-U結果「個別整理の仕方」マニュアル②（いなべ市）

3　よい結果が出始めた3年目と4年目

　北勢中学校区5校での2年間の実践を経て，学級集団を「ルールとリレーションの確立」の観点で見ていくことなど，Q-Uをベースにした小学校から中学校までの共通のものさしがつながっていく方向性が見えてきた。そこで平成21年度からは，「問題を抱える子ども等の自立支援事業」として員弁中学校区の3校（員弁中学校・員弁西小学校・員弁東小学校）と，「いなべ市研究指定校」として特別支援教育のモデル校として取組みを進めている北勢中学校区の山郷小学校，また新たに「いなべ市研究指定校」となった藤原中学校の計5校でQ-Uを活用・導入していくことを決めた。

　今までやっている取組みを裏付ける形で
　過去2年間の経験をふまえ，市教育委員会では外部講師を積極的に招聘して校内研修を行い，組織的な取組みの充実を図っていった。また，いなべ市の先輩教師たちが大事にしてきた「授業づくり」の視点を大切にし，それらの取組みを裏付けるという視点からQ-UやNRTの検査の活用を提案していった。つまり，何か新しい別の取組みを始めるのではなく，今の授業実践が適切であるかどうかを確かめたり，効果を裏付けたりすることができる方法としてQ-Uの活用を紹介していった。
　授業とQ-Uを合わせて見ていく具体的方法については，都留文科大学の品田笑子先生に多くを教えていただいた。授業とQ-Uの情報を合わせてみていくと，子どもたちの学習場面における態度や行動と，生活場面における意欲や満足感とは相互に関連していることが見て取れる。ここからは，学習場面と生活場面の支援は相互に関連させるべきであるとの認識が深まっていった。
　この時期にはちょうど文部科学省の全国学力学習状況調査が始まり，「学力向上」が大きな話題となった。また学級の状況と学力定着の関係を分析した『データが語る』（河村茂雄著，図書文化）が出版され，学級づくりと授

業づくりが相互によい影響を与え合うことが提言された。これを受けて，いなべ市ではそれまで取り組んできた「学力フォローアップ事業」の中に，Q-Uの活用を明確に位置づけ，「子どもたちが安心して学べる学級・学校づくりを推進することで，落ち着いて学ぶことができ，子どもたち一人一人の学ぶ意欲が向上し，学力向上につながる」という仮説を立て，平成20年度より次のようなモデルを提案して市全体にも取組みを広げていった。

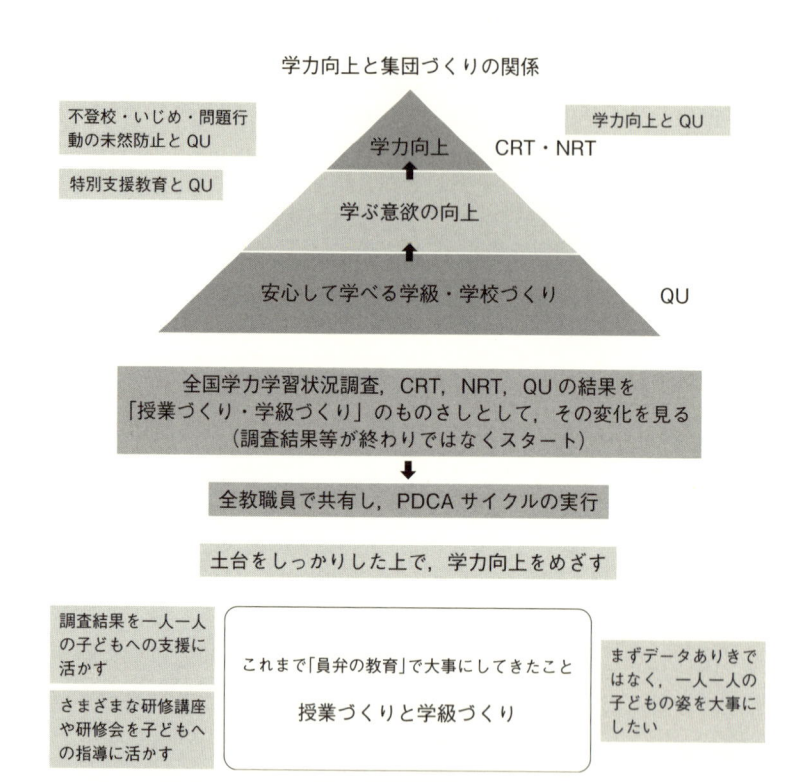

学力向上と集団づくりの関係

- 不登校・いじめ・問題行動の未然防止とQU
- 特別支援教育とQU

ピラミッド図：
- （頂点）学力向上　CRT・NRT　学力向上とQU
- （中段）学ぶ意欲の向上
- （底辺）安心して学べる学級・学校づくり　QU

全国学力学習状況調査，CRT，NRT，QUの結果を「授業づくり・学級づくり」のものさしとして，その変化を見る
（調査結果等が終わりではなくスタート）
↓
全教職員で共有し，PDCAサイクルの実行

土台をしっかりした上で，学力向上をめざす

- 調査結果を一人一人の子どもへの支援に活かす
- さまざまな研修講座や研修会を子どもへの指導に活かす

これまで「員弁の教育」で大事にしてきたこと
授業づくりと学級づくり

- まずデータありきではなく，一人一人の子どもの姿を大事にしたい

いなべ市の教育モデル

実践を交流させていく

　各学校が独自に行った実践の工夫，効果のあった実践などは，校内研修会やQ-U担当者会・校長会などを通じて，指導主事がていねいに他校にも伝

え広めていった。

　例えば員弁西小学校では，Q-UとNRT（標準学力検査）のバッテリー出力が業者で始まったことを受け，全校児童の「学習面の支援ニーズ」と「生活面の支援ニーズ」を1枚の表にまとめた閲覧性の高い資料を独自に作成するようになった（P75参照）。この表によって，学習面の支援ニーズが高い子どもと，生活指導面の支援ニーズが高い子どもを，一目で把握することが可能になった。また，これによって学習面と生活面の支援ニーズがアンバランスな子どもについても理解が深まるようになった。例えば，「クラス上位の学力で活動的なのにQ-Uでは要支援群」「学習で大変困っているのにQ-Uでは満足群」などの子どもがクロス集計表にわかりやすく表され，これを見ながら話し合うと，どんな先生にも子どもの状況が感覚的に理解しやすいようであった。

　これを受けて中学校でも，学年別のクロス集計表をつくったり，直近の定期テストとクロス集計をしたりするなど，実態に合ったものを作る試みが始まっている。

　また，員弁東小学校ではQ-Uの結果を座席表に記入し，授業研究に，Q-Uの結果を生かす取組みを進めた（P74参照）。学級の状況を把握しながら，授業づくりを考えるという点でいなべ市がこれまで大事にしてきた観点であり，取組みの広がりが期待される。

　員弁西小学校ではその後も工夫を重ね，委員会やたてわり班（異年齢集団の班）でクロス表を簡便に活用する方法を考え出した（P76参照）。学級担任は自分の学級の子どもの情報を見るにとどまり，その他の場面で支援を多く必要としている子どもの情報までは，全職員で共有されにくい。そこで，担任する学級の子ども以外にも，委員会やたてわり班など学級外で受け持ちとなる子どもたちについて学習面と生活面の支援レベルをわかりやすく表示した短冊を渡し，支援ニーズの高い子どもに必ず一声かけるように促した。支援の必要な子どもに対して，全教職員による，さまざまな場面を通した，よりきめ細かな支援（声かけ）が可能となってきている。

※数字は出席番号
　記号は児童生徒名
　2行目は課題

	教師	

「7班」

18　○○	31　△△ 非承認　発表
16　●● 発表	25　▽▽

「4班」

34　◇◇ 非承認	3　■■ 発表
27　◆◆	6　□□ 発表　かかわり

「1班」

35　◎◎ 非承認　発表 かかわり	4　▲▲
29　★★ 非承認	21　▼▼ 発表

「8班」

9　○● 発表　かかわり	10　△▽ 非承認　発表 かかわり
7　●○	32　▽ 発表

「5班」

14　◇◆ 発表	28　■□ 発表
24　◆◇	20　□■

「2班」

11　◎★ 発表　かかわり	22　▲▼ 発表
33　★◎	13　▼▲ 発表　かかわり

「9班」

36　○◇ 発表	8　△■
23　●◆ 侵害　かかわり	5　▽□ 発表

「6班」

17　◇◎	15　■▲ 発表
2　◆★ 発表　かかわり	

「3班」

12　◎○ 発表　かかわり	37　▲△
30　★● かかわり	26　▼▽

※Q-Uの結果シートを見ながら，以下の中で，本授業に必要と思われる情報を選び記入する。

満足度尺度より　　　非…非承認群　　　侵…侵害行為認知群　　不…不満足群　　要…要支援群
意欲尺度より　　　　友…友達関係に課題　　学…学習意欲に課題　　発表…学習意欲の中で特に課題
　　　　　　　　　　ク…学級（クラス）の雰囲気に課題
　　　　　　（意欲尺度については△の特に小さい子，バランスの悪い三角形で低い項目を記入）
かかわりについて　　かかわり…かかわりが弱い
　　　　　　　　　　3段階評価の「1」に該当（高学年）
　　　　　　　　　　「自分の行動を振り返るアンケート」⑦⑨⑪の項目で「あまりしていない」「まったくしていない」に該当（低学年）
学力　　　　　　　　低…担任が一斉指導以外に配慮が必要と考える児童（学力検査の結果も考慮）

Q-U結果が書き込まれた座席表（員弁東小学校）

第2章 市教委の視点から

		C-1	B-1	A
学習（標準学力検査）	一次支援 学力SS 50以上	8人（3.2％） A子　2A J郎　3B K代　3B N男　4A S子　5A U美　5B W代　6A X太　6B	50人（20.0％） （児童名省略）	118人（47％） （児童名省略）
		E-1	D	B-2
	二次支援 学力SS 35〜49	1人（0.4％） Z男　6B	16人（6.4％） B男　2A　D郎　2B C美　2A　E代　2B G子　3A　F太　2B H男　3A　L太　3B I美　3A　P郎　4B M子　4A　Q代　4B O美　4A　Y子　6B T男　5A	56人（22.3％） （児童名省略）
		F	E-2	C-2
	三次支援 学力SS 34以下	0人（0％） 【この表の使い方】 ①支援ニーズの高い子ども（C〜F）を，職員一人一人が把握して，複数の教師で対応できる環境をつくる。 ②学校全体の子どもたちの特徴をつかみ，必要な支援体制をつくる。	0人（0％）	2人（0.8％） R太　4B V郎　6A
		三次支援 要支援群とその周辺の児童	二次支援 学校生活不満足群の一部，非承認群・侵害行為認知群の多くの児童	一次支援 学校生活満足群とその周辺の児童
		生活（QU・学級満足度尺度）		

この表からわかる学校全体の特徴

・FとE-2は0人，E-1は1人で，絶えずその子独自の学習プログラムを必要とする子はいない。
・学力で三次支援支援を必要とする子が少ない。
・全校児童の約半数（47％）がAにおり，一斉指導に自ら参加できる。
・Aの児童に対しては，「当たり前のことが当たり前にできていること」をきちんと評価し（評価しないと下がる），望ましい行動をより強化するとともに，学級の中のモデルになってもらう。
・Dの児童は，職員室でもよく名前があがり，さりげない配慮と支援が必要である（配慮と支援がないと，こぼれていくと言える）。
・Dの児童は，ある意味で学級のキーマンである。この子たちがうまく一斉指導に乗れる配慮・支援をさりげなく行っていく。

全校児童の支援レベル早見表（員弁西小学校）

員弁西小学校
特別支援教育だより
●号

チーム西
Dreams Come True Together！

チーム支援
── クロス集計表の活用 ──

～一部省略～

　せっかくのクロス集計表も，集計してハイおしまいではなく，私たちが具体的にその子たちにアプローチをかけていかなければ意味はないということです。
　そこで，別紙のような一覧表を作成してみました（下記参照）。
　ここでは，学習面あるいは生活面で，**クロス集計表で三次支援にあがった子たちを載**せています。

ちょっと一声お願いします

教員	〇山	△川	□田	×島	☆村	◎中	●山	▲川	■田	◆島
	1A	1B	2A	2B	3A	3B	4A	4B	5A	5B
担任・授業			A子 2A B男 2A C美 2A	D郎 2B E代 2B F太 2B	G子 3A H男 3A I美 3A	J郎 3B K代 3B L太 3B	M子 4A N男 4A O美 4A	P郎 4B Q代 4B R美 4B	S子 5A T男 5A	U美 5B
縦割り	A子 2A H男 3A	W代 6A	M子 4A T男 5A	D郎 2B P郎 4B S子 5A	B男 2A	E代 2B Q代 4B	G子 3A	J郎 3B K代 3B	X太 6B	F太 6A R太 4B
委員会	S子 5A U美 5B W代 6A	T男 5A	S子 5A U美 5B W代 6A		Z男 6B		Z男 6B	S子 5A U美 5B W代 6A	Z男 6B	
地区	M子 4A P郎 4B		J郎 3B N男 4A U美 5B W代 6A	D郎 2B E代 2B I美 4A K代 3B O美 4A	C美 2A G子 3A L太 3B Z男 6B	C美 2A G子 3A L太 3B Z男 6B	J郎 3B N男 4A U美 5B W代 6A	M子 4A P郎 4B	B男 2A A子 2A F太 3A H男 3A Q代 4B Y子 6B	D郎 2B E代 2B K代 3B O美 4A

クロス表を活用したチーム支援について（員弁西小学校）

【表の見方】……「□田先生」の例
　①**学級**では，2A担任なのでA子，B男，C美の3人を支援します。
　②**縦割り班**に行ったときは，4AのM子，5AのT男がいるのでその子達の支援をします。□田先生と同じ班の●水校長先生も同じ子の支援をします。
　③**委員会活動**の時には，5AのS子，5BのU美，6AのW代の支援をします。□田先生と同じ委員会担当の〇山先生他2名の先生も同じ子を支援します。
　④**地区**の集まりの時には，3BのJ郎，4AのN男，5BのU美，6AのW代の支援をします。□田先生と同じ地区担の●山先生も同じ子の支援をします。

　つまり，**クロス集計表に名前が挙がった子は，どの場面でも担当教師が学級担任のようにその子のことを支援するという体制**です。

　目立って手がかかる子は，このような一覧表がなくても必ず支援の手が入ります。しかし，「おとなしい」「仕事ができる」「なりを潜めている」「学級で見せないような力を発揮し，がんばっている」のに名前が挙がっている子は置き去りにされたり，せっかくのほめるチャンスを逸してしまいます。それを防ぐ効果があります。また，担任が苦手とする子も，別の場面で救われる可能性が高まります。

　次に支援の方法ですが，子どもの課題が1人ひとり違います。それを分析し，細やかな手立てを組むのが筋でしょうが，現実にはそこまではとても不可能でしょう。
　そこで，次のように考えました。

```
1，顔と名前を覚える。
2，行動を観察する。
3，名前を呼んで一声かける。
```

　1番だけでもかまいません。これだけで随分ちがうと思います。個人情報の管理を厳重にするのは当然ですが，今回は一覧表を教師別の短冊に切り分けて配布します。自己管理のもと，ノートに貼る，メモするなどし，ぜひ活用してください。

　　私が教育実習に行ったときのこと（随分前ですが），先輩の先生から次のように教えてもらいました。「先生はぼくのことを見ていてくれると思うだけで，子どもはうれしいものです。たとえば，『床屋さんへ行ってきたね』と声をかけるだけで，ずいぶん違うものですよ」と。
　　これは，何とかのひとつ覚えで，今でも実行しています。髪以外にも，新しい服，帽子，カバンなども使えます（過度なおしゃれさんには言いません）。確かにけっこう効き目があります。今回の「一声」も，その程度でよいのではないかと思います。
　　名前を呼んで話しかけるのも効果的です（あまり呼びすぎるのもくどいと，講師の曽山先生は言われましたが……）。また，休み時間などに子どもの顔を見かけたときにも，行動観察やさりげない声かけをお願いします。

3 各学校の現状と取組みの成果

　このように，いなべ市では「授業づくり」の伝統を活かしながら，授業を教科教育の観点から見るだけでなく，子どもの適応感や集団づくりといった視点からも検討し，一次支援・二次支援としての授業を充実させていこうという流れで取組みが行われた。そして現在，いなべ市では，これらの取組みが「特別支援教育」をテーマに掲げる形で実を結びつつある。

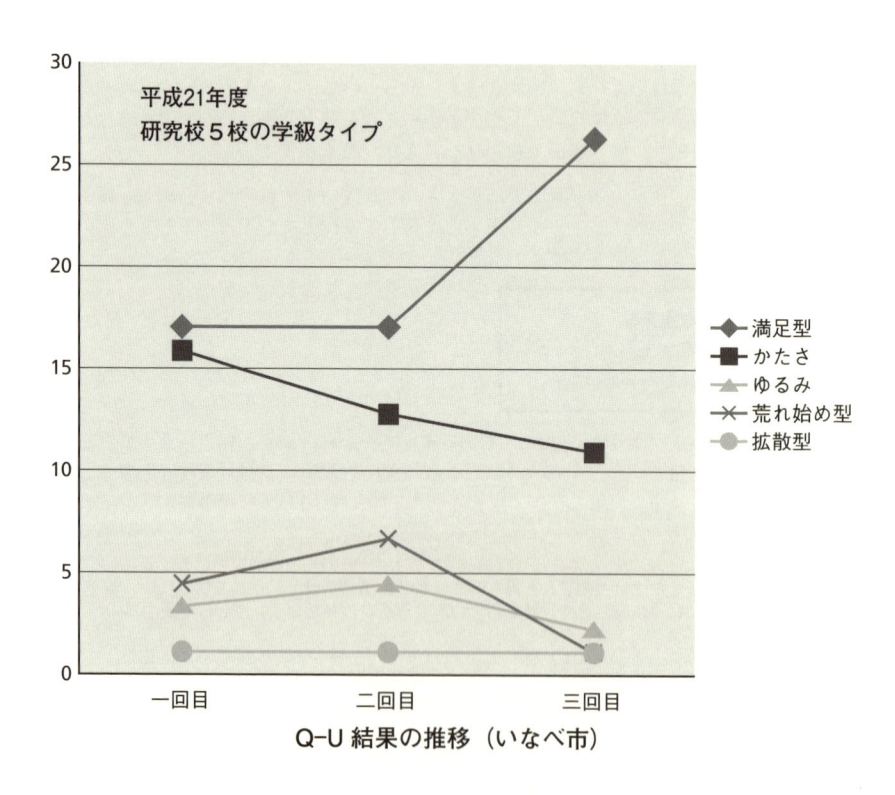

平成21年度
研究校5校の学級タイプ

凡例：満足型／かたさ／ゆるみ／荒れ始め型／拡散型

Q-U 結果の推移（いなべ市）

① 山郷小学校

　いなべ市ではじめに北勢中学校区の取組みが始まったとき，山郷小学校で

は特別支援教育の研究実践がかなり進んでおり，本事業についての取組みはあまり期待できないだろうと予想された。ところが，特別支援教育が進んでいた山郷小学校では，全教職員で全児童の状況を把握するという考えが先生方によってとても大切にされており，全校児童の支援のあり方を考える一つのものさしとしてQ-Uが大いに活用されていった。一連の取組みにより，山郷小学校では，「子どもたちの満足度」や「学校・学級に対する意欲」など，Q-Uのすべての項目で成果を上げ，現在も引き続き高い水準での結果を残している（詳細は120ページ）。

②員弁中学校区（3校）

北勢中学校区に続いて取組みが始まった員弁中学校区では，山郷小学校への視察が取組みのスタートとなり，特別支援教育の観点を取り入れながら，すべての子どもにとって満足感の高い授業・学校生活を充実させようとする試みが始まっている。またSST（ソーシャルスキルトレーニング）を取り入れ成果を上げている岡崎市立矢作北小学校への視察を協働で行うなど，中学校区全体での取組みが充実してきている。

さきの山郷小学校と，員弁中学校区の小学校の共通点は，管理職と研修委員と特別支援教育コーディネーターの連携が効を奏しており，研修体制が確立しているところである。現在では学校評価の指標としてもQ-Uを活用していくなど，校区全体で共通した取組みをはじめようとしている。

③藤原中学校

いなべ市の研究指定校として平成21年度から取組みがスタートした藤原中学校は，小規模校（全校児童約40〜110名）から子どもたちが集まってくる中学校である。生徒は小集団で育ってきているため，コミュニケーション能力が課題ととらえ，学級づくりと授業づくりの両面から研修を進めている。

平成22年度は，外部講師を招いて校内研修を実施し，教科を超えて全校共通の授業スタイルの追求・基本的な学習規律の統一化を行った。また，週1回のSSTタイムを設定し，集団でのかかわり方を学ぶ取組みを進めた。この取組みの成果は2010年11月に研究発表会として発信した。

外部講師の視点から見た三重県の取組み①

講師：品田笑子先生（都留文科大学特任教授）

● Q-Uの結果と授業：まさかこんなに……

　最近，校内研修で，Q-Uで学級状態を把握し，それをもとに組み立てた授業を参観し，コンサルテーションを行うことが増えてきている。当初は，授業者から事前に座席表を送ってもらい，そこに子どもたちのQ-Uのデータや担任の日常観察情報をメモし，授業参観に臨んだ。しかし，授業者自身にもデータにあたってほしくて，現在ではなるべく4群のどこに分布しているかだけは授業者に記入してもらうようにしている。

　転勤したばかりのA先生は，その学校で，Q-Uをもとにした学級経営に初めて取り組んだ。早く追いつきたいと私のコンサルテーションを希望し，4群入りの座席表を自ら作成し，授業に臨んだ。いざ授業が始まると，発問にすばやく反応して発言する子が教室左側からどんどん出だし，ふだん発言しない子まで参加して盛り上がっていった。いっぽう，教室右側は反応が鈍く，A先生が熱心に促しても挙手をする子はいなかった。

　授業終了後，「先生，今日はなんか左側が活躍していたね」と右側の席の子がつぶやいた。そしてA先生も，授業後のコンサルテーションのとき開口一番「まさかこんなにQ-Uの結果が授業に関係するとは……。もっとQ-Uのデータをよく見て活用しなくては思いました」と言ったのだった。

　実は，左側の席には満足群の子どもが多く，右側はその他の3群が混在していた。くじで席を決めたので偶然の配置である。その影響が授業に出てしまったのである。この経験からA先生は「Q-Uのデータは活用できる」と実感し，Q-Uを活用した学級経営が本格的にスタートした。

● Q-Uの結果と子ども理解：子どもの心のつぶやきが聞こえた！

　ある小学校の研究協議会で閉会しようとしたとき，「1分だけ時間をください。今どうしても言いたいことがあります」と授業者のB先生が発言した。

COLUMN

みんな「何だろう？」とＢ先生を見つめた。

「私は，ほんとうはこの研究授業をしたくなかったんです。前に，自分の学級経営を責められているような気がして，すごくつらかったからです」

私は「言い過ぎたかな？」とコンサルテーションを振り返った。するとＢ先生は「でも，今日はやってよかったと思いました」と続けた。そして「今日は一つも責められなかったし，Q-Uの結果をもとに学級を分析していただいたこと，心から納得しました。特にＣ君の気持ち，おっしゃるとおりだとストンと落ちました。これからは講師の先生やみなさんのアドバイスを参考にやっていきたいと思います」と発言をまとめた。

その協議会で私は，Ｂ先生が指導に苦戦しているＣさんの気持ちを，学級満足度尺度の承認得点の１と２，被侵害得点の３と４の項目をもとに，その子になりきって「○○と感じているのではないか」と推測した。それがきっかけで，Ｂ先生は日ごろのその子の問題行動が少し理解できたようなのである。

これは，「なぜこんなことをするのかわからない」「どうしてこの群にいるのか」などというときに，その子の気持ちを推測するときに使っている方法である。子どもの気持ちを理解するといっても，なかなか教師は自分の視点から抜けられない。それが，Q-Uの項目をもとにつぶやくと具体的にイメージできるようなのである。Ｂ先生は数字に表れた子どもの回答を，生身の人間の感情に置き換える体験を通してQ-Uの結果に向き合えたと思われる。

以上は三重県で出会った先生方のエピソードであるが，他のところでも同様な体験をしている。データが実感と結び付くことが，その後の前向きな取組みにつながっていくのではないかと考える。

※プライバシー保護のために，エピソードは意図が変わらない程度に脚色がしてあります。

第2節
松阪市教育委員会の取組み

【三重県松阪市】

　松阪市は，平成17年1月に1市4町が合併し，東は伊勢湾に臨む漁村部から市街地，そして，中央部には住宅地域や農村部，西は奈良県境の山村部と幅広く多様な地域を擁している。松阪市教育委員会指導主事（当時）の青木俊幸先生にお話をうかがった。

1　松阪市の課題

　松阪市では，平成13年から16年にかけて，市内の数校で授業に参加しない生徒の集団が校舎内外を徘徊，集団リンチ事件を起こして逮捕されるなどの問題が多発していた。「継続する暴力行為」「深刻化するいじめ」「改善されない不登校」，このような児童生徒の問題行動の悪化が，教職員の多忙感や疲弊感，保護者からの不信感を招き，ついには学校だけでは対応しきれないという悪循環からのがれられない状況にあった。青木先生が中学校で生徒指導主事をしていた平成15年当時も，学校では毎日のように起こる問題行動への対応に追われ，警察署では「青木先生，今週は皆出勤ですね」と少年係の担当官から苦笑されるほどであったという。
　このような状況を「何とかしたい」という先生方のモチベーションは高くても，昼夜なく問題行動の対応に追われ，先生方は疲弊の色を濃くしていた。また，子どもたちの問題行動の背景には環境要因も大きく影響しており，学校だけの対応には限界があり，状況を改善させられる見通しがもてない閉塞感も強かった。問題行動への対応は，それだけを熱心に繰り返していても，もぐらたたき状態に陥り，なかなか改善しない。必ず，問題発生の芽をつむ

ような予防・開発的な対応を同時に進めていかなければならないのである。しかし、教師たちは目先の問題行動の対応に奔走するばかりで、余裕を失っていた。

　松阪市における未然防止の取組みに向けての課題は、まじめに学校生活を送っている子どもたちが安心して過ごせるように学校に落ち着きを取り戻し、授業や学級生活の中で、一人一人の子どもに教師がしっかりとかかわる余裕をいかに取り戻すかということにあった。具体的には、以下の仮説を立てて平成17年度から現在まで取り組んできた。

仮説①　養育環境改善のために関係機関と連携して取り組むことで、親と子、教師と生徒の信頼関係が再構築される。その結果、暴力行為等の減少が期待できるであろう。

仮説②　学習環境改善のために小・中学校が連携して取り組むことにより、中１ギャップなどの環境の変化に対応する不適応感が軽減される。その結果、不登校の減少が期待できるであろう。

仮説③　社会的自立心の確立のためにキャリア教育を推進し、人間関係形成能力や自己有用感を向上させる。その結果、学習意欲の高まりが期待できるであろう。

2　取組みに伴う困難と具体的対応

1　緊急性の高い課題への介入の段階（前段階）

　未然防止の取組みを進めていく前提として、学校の安全を脅かし、個々の学校や教師の対応だけでは限界を生じていた暴力行為などの緊急性の高い課題に対しての介入が必要だと考えられた。そこで松阪市教育委員会では、それまで県に対して件数のみをあげていた問題行動発生状況や欠席日数の月例

報告書に，発生事案の内容とその対応を報告する様式を加え，それを添えて県に提出するようにした。それによって，問題行動としてとらえた事案について，学校と市教委と県教委が，事態の深刻さや緊急度を共有することができるようになった。県教育委員会から生徒指導特別指導員（第1章P24参照）の派遣を受けたのは，その最も顕著な例である。

生徒指導特別指導員による生徒への直接対応

県から派遣された生徒指導特別指導員は，教師OB，警察OBなど，非行への対応に経験豊富な者を中心に構成されており，市内の中学校を巡回指導して課題生徒への対応にあたってもらった。指導員には，市内の生徒指導連絡協議会にも毎回参加してもらい，学校と共通理解を図ってもらうようにした。これにより，中学校間の横の連携がとれるようになっていった。

複数の学校が関連した問題行動の事例でも，指導員には，それぞれの学校に行って，それぞれの生徒に対して同じ内容で声をかけてもらうことができた。例えば，A中学校のa君とB中学校のb君がバイクの二人乗りをしていた事案などでは，特別指導員はa君にもb君にも同じような内容で指導を行うことができるので，a君とb君は，共通の言葉で，自分たちの行為の意味を理解できる。このような指導は，複数の学校にかかわり，市内の課題生徒に関係をつくっている生徒指導特別指導員しかできない指導であり，効果が高かった。

養育環境への働きかけ

問題行動を抱える子どもたちは，養育環境の影響を大きく受けているケースが多く，学校の働きかけには限界があった。少年院で更正し，将来への希望をもち，「これからはまじめに頑張る！」と本気で改心しながら，地域に戻ってきて問題行動を繰り返す子どもたちを先生方は何度も見てきた。「環境が変わらなければ，子どもは変われない」という思いをもちながらも，学校や教師だけの力ではどうすることもできなかった。

また，暴力行為などの反社会的行動だけでなく，児童虐待，家庭内暴力，DV，不登校，発達障害，情緒不安など，一人の子どもが複数の要因に対して支援を必要としているケースも多く，これらの問題に対しても学校だけで対応を行うのは困難であった。

　そこで松阪市では，平成18年から，福祉・警察・教育の連携を目的に，「ハートケアサポートチーム」を発足させた。これにより学校は，社会福祉等の専門的な知識や制度も活用しやすくなり，子どもに対する支援の幅が広がった。教育委員会はこのチームの事務局となり，各機関がうまく機能するようにコーディネーターの役割を果たした。

　なかでも，教員籍の職員が１名出向していた福祉事務所「こども未来課」の果たした役割は大きい。学校が抱えている事案に対して，児童虐待や要支援児童生徒の対応を直接的に行っている機関がかかわってくれたことは，重い判断を要するさまざまな場面で，先生方にとって心強い存在となった。義理の兄弟からDVを受けているケースや，親が子どもを学校へ行かさないケースなどにも，連携して対応することができた。

　さらに平成20年度からは，ハートケアサポートチームの構成員に，社会福祉士・精神保健衛生士の資格を有する相談員を加え，「発達障害」等の特別な支援を要する子どもたちに対する相談体制の構築についても協議できるようにした。このほかにも，専門的な見識の深い学識経験者を助言者に迎え，事例検討会を開催して指導を受けたり，支援を必要としている家庭への対応について司法福祉相談を行ったりした。また，地域や保護者への啓発活動として講演会を開催したり，児童生徒の心のケアに深くかかわっている養護教諭を対象とした研修会を開催したりした。

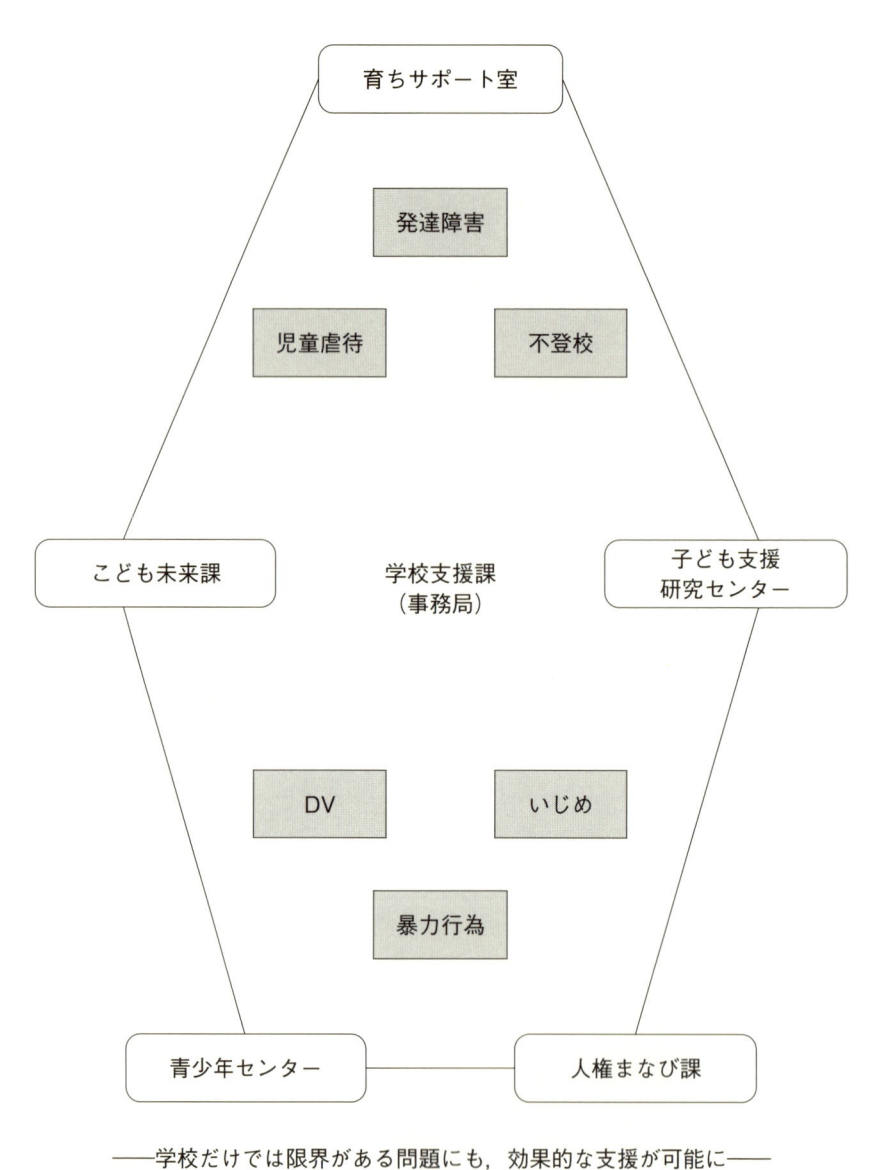

```
                    ┌─────────────┐
                    │ 育ちサポート室 │
                    └─────────────┘
                    
                    ┌─────────┐
                    │ 発達障害 │
                    └─────────┘
              
         ┌─────────┐       ┌─────────┐
         │ 児童虐待 │       │ 不登校  │
         └─────────┘       └─────────┘


┌───────────┐      学校支援課       ┌───────────┐
│ こども未来課 │      （事務局）       │ 子ども支援 │
└───────────┘                      │ 研究センター│
                                   └───────────┘


         ┌─────┐             ┌─────────┐
         │ DV  │             │ いじめ   │
         └─────┘             └─────────┘
         
                  ┌─────────┐
                  │ 暴力行為 │
                  └─────────┘

┌─────────────┐             ┌─────────────┐
│ 青少年センター │             │ 人権まなび課  │
└─────────────┘             └─────────────┘
```

――学校だけでは限界がある問題にも，効果的な支援が可能に――

ハートケアサポートチーム（組織図）

暴力行為の発生状況の推移

生徒指導特別指導員に市内の中学校を回ってもらうようになってからは，学校の様子，子どもたちの様子が変わってきた。また福祉・警察・教育の各機関が協働してチーム支援を行ったことは，三次的援助の必要な子どもの養育環境を改善することに大きな成果をあげた。これらにあわせて，暴力行為も減少していった。暴力行為が減少していくと同時に，松阪の町はとてもきれいになったと他の地域の先生方は言う。特に公園のトイレなど，破壊され落書きをされ不快な印象を受けた場所が，近年はきれいに整備された状態を保っているようになり，町の景観にも影響を与えている。

暴力行為の発生件数を見てみると，平成16年には前年度の10％減，平成17年には前年度の20％減，平成18年と平成19年には前年度の55％減と，激減していることがわかる。平成15年と平成19年度の比較では，取組み当初から85％も件数を減少させることができた。

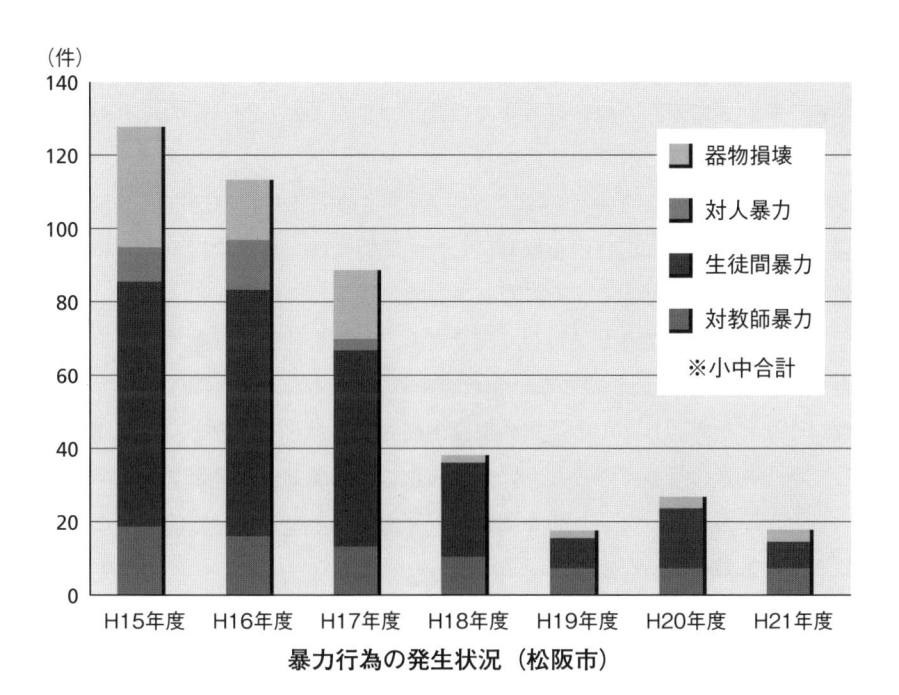

暴力行為の発生状況（松阪市）

現場の生徒指導体制を支える参加型のリーダーシップ

　反社会的な逸脱行動に対しては，どの学校，どの教師も，最低限ここだけはそろえて指導しようという点を確認し，それを根気強く実践していく。そのいっぽうで，子どもたち自らが逸脱やいじめなどの反社会的行動に対する抑止力をつけていくように，啓発的指導をあわせて行う。このような生徒指導のあり方を，市の指導主事が中心になって，とくに困難校において進めていった。機に応じて，学校にかかわってくれる指導主事のあり方を通じて，「教育委員会はいつでも自分たちにかかわってくれる」という連帯感が構築されていった。

　例えば，松阪市内の中学校では，それまで10年近く，一部の生徒が卒業式に異装（カラフルな髪型と刺繍ランと呼ばれる高価な刺繍を施した学生服）で参加する習慣があった。どの先生もやめさせたいと思いながら，やめさせることのできない悪習であった。青木先生は，中学校の生徒指導主事として「異装の生徒は式場に入れない」という毅然とした指導に取り組んだ経験をもとに，具体的な方法を各学校に伝えていった。松阪市内すべての中学校で刺繍ランが式場から一掃されるまでには，4年がかかった（その後も刺繍ランをつくり式場外で着る生徒は残ったが，平成22年3月の卒業式は，刺繍ランをつくる生徒がようやくいなくなった）。このような指導が市内の各校で確立化されるにつれ，自信を取り戻した先生たちは，日々の指導においても毅然とした指導が行えるようになってきた。

　また，これらの指導と並行して，子ども自らが反社会的行動に対する抑止力をつけるよう，「いじめのない学校づくり」「みんなが楽しく生活できる学校づくり」をめざし，小中学校の児童生徒が主体となる活動を，一年間を通じてさまざまに行っていった。いじめ防止の啓発劇では，携帯ブログへの書き込みが原因となったいじめを題材に取り上げるなど，児童生徒の視点から，自主的な活動を行った。

　これらの取組みは，松阪市の先生方に，生徒指導の基本的な「型」（きめこまやかな支援と毅然とした指導）のようなものを定着させることにつなが

っていった。

先生方のメンタル面に対するサポート

努力の成果が実感できないジレンマに学校全体が蝕まれていたころ，困難校の先生たちは，一生懸命に指導に取り組んでいるにもかかわらず，自分自身に対する承認感に枯渇しているように感じられた。いつか先生方は燃え尽きてしまうのではないかと思われた。

そんなとき，あるケース検討会で，司法福祉のスーパーバイザーが「よくこんな状況の子どもを，先生方は見捨てずにかかわってくれていますね。だから，この子は現状で維持できていると思います」と話された。この言葉に，疲弊しきっている教職員がどれほど癒されたかわからなかった。この体験をもとに，教育委員会では，先生方の日々の実践に対して，「よくここまでやっている」と，相互にねぎらう場面を忘れずに取り入れるようにしていった。

現場の先生方に元気になってもらうためには，松阪市教育長にも助けてもらった。生徒指導主事の懇親会には，各校の学校長のみならず，関係機関の方々をはじめ教育長にも毎回参加してもらうのが，いつしか恒例となっている。生徒指導担当の先生たちは，教育長から一人一人直接に労をねぎらわれ，激励の言葉を受けている。長年，困難校等で生徒指導に尽力されてきた先生が文部科学大臣優良教員表彰を受章したのは，なかでも最もうれしい出来事であり，長年の苦労が認められたことは，先生方の大きな励みになった。

生徒指導連絡協議会では，市内で最も荒れていて教育がむずかしい学校で起きている事案に対して，「落ち着いている学校の先生も黙っていないで，自分のことと思っていっしょに考えよう」と会長が声をかけたこともある。ある学校の生徒指導実践発表会では，「自分たちの研究実践は，自分の学校のためにだけではなく，困難校のことを考えて取り組んできました。自分たちの実践が効果的であると実証できたら，その資料をそっくりそのまま渡すために研究してきました」と生徒指導主事が話した。

松阪市では，荒れている学校をみんなでサポートしていこうという考え方

が浸透し，暴力行為や逸脱の問題に苦労して取り組んでいる学校や先生方を，地域全体でサポートしようという風土が作り出されている。

2　未然防止の取組みに動き出した段階

Q-Uによる学級経営の充実

　暴力行為が減少し，ある程度学校が落ち着きを取り戻してくると，この状態を維持するために，新たな問題発生の芽をつむような予防・開発的な対応をいかに行っていくかが課題となった。しかし，仲間づくり，学級づくりが大切であることはわかっているものの，具体的に効果的な方策をなかなか見つけることができなかった。

　そのような折，「受付のお手伝いでもできれば」と出向いた県教育委員会が主催の研修会で，青木先生はその日の講師である河村先生の説に聞き入った。子どもたちへのアンケートを使った学級アセスメントと，それに基づく具体的な学級づくりの方法に，「これだ」と思った。すぐに市内中学校の生徒指導主事の会議で「Q-Uを使ったアセスメント（評価）による学級経営」を提案し，2か月後には，実際に児童生徒へQ-Uアンケートを実施した。もともと再び学校が大きく荒れないよう，予防・開発的対応に取り組もうとする意欲の高かった先生たちは，すぐに学校体制で取組みを開始した。

　こうして松阪市では，県の「問題を抱える子ども等の自立支援事業」のスタートと機を同じくして，集団づくりの充実に取り組みはじめた。Q-Uによって児童生徒の実態を把握し，K-13法を用いた研修会などを各学校で実施して，いじめや不登校の未然防止に努めていった。

　こうして，他の地域に比べてスムーズに展開したように思われる松阪市であるが，導入に際しては先生方とQ-Uの最初の出会いを大切にし，実践研究を強引に推し進めないよう心がけたという。教師は，強制されることを嫌う傾向が強く，効果的な指導方法であっても，一度強制されたと捉えられてしまうと，活用しようとはしてもらえない。実践の中で必要性を感じてもら

い，その必要性から生じる「流れ」をつくり出すことを意識して推進していった。

小学校から中学校へのスムーズな移行

松阪市の不登校発生状況は，ピーク時では，児童生徒1,000人当たりの不登校児童生徒数が17.3人と，全国平均の約12人と比較し，約1.5倍という状況であった。とくに中学校での発生率が高く，中学進学を機に不登校が大きく増加する傾向があった。このような中1ギャップの問題は，肯定的な自己認識が不安定な時期にある子どもたちにとって，中学校進学によって起こる校種間の指導体制の違いが負荷となって引き起こされるのだろうと考えられていた。

そこで，中学校進学時における子どもたちの不安感を取り除き，保護者の信頼感を高めるために，ハートケア相談員による巡回相談を行っていった。ハートケア相談員は，同じ中学校区内の小中学校を兼務する相談員である。中学校進学前から小学校で子どもたちと関係をつくり，中学校進学時のさまざまな課題（中1ギャップ）に対し，まだ，十分な関係ができていない教員と子どものかかわりをサポートしていった。

①ハートケア相談員を介して，小・中学校間における情報の共有と教職員の連携の強化を図る。

②「中学校区小中連携協議会」等を中心に，事例検討会や教育相談担当者会議，児童生徒会行事の交流，授業交流等を通じて，小・中学校間の教職員および児童生徒の連携を図る。とくに「小中連携生徒指導部会」では，支援を要する児童生徒の共通理解を深めるとともに，小・中で指導のあり方に一貫性を図れるようにする。

③小学校と中学校の間で急激な指導体制の変化があったり，学級集団の実態に合わないタイプの指導を継続したりすることは，いじめや不登校などの問題が発生しやすい環境をつくってしまうことを，子どもを直接指導する学級担任などに共通理解してもらうことをめざす。小・中の先生方に共通

の視点をもって子どもを見てもらうための方策として，Q-Uを活用していく。

困難校でこそ必要な開発的指導
　多発する暴力行為への対応は松阪市の大きな課題であり，教職員にとっても喫緊の課題として成果が現れるのも早かった（P87参照）が，不登校の予防・対応においては，なかなか顕著な成果が現れにくかった。さまざまな背景から将来に対する希望や学習への意欲をもてなくなっている子どもも多く，学ぶ意義や楽しさを学校で感じられるようにしていくために，「開発的な指導」を積極的に行う必要があった。
　そこで，子どもたちの自己肯定感や自己有用感を育成し，社会的存在としての自己の確立を図ることをめざして，キャリア教育の推進に力を入れていった。松阪市で10年間続いている職場体験学習（わくわくワーク）についても，学校と地域の協働によりさらに教育実践の充実を図っていった。また，各校の実践交流を図るとともに，自己有用感を高める指導について検討するために，「松阪市キャリア教育推進協議会」を組織した。
　実践モデル校においては，コミュニケーション能力や感情のコントロールなど，人間関係形成能力を育む指導について研究実践を推進し，ソーシャルスキルの向上による学級集団の変容と学力の向上との関連性に焦点をあてて研究，実践発表会を開催した。これらの取組みを通して，市内教職員が，ソーシャルスキルの指導の重要性について認識を深めている。
　また，Q-Uの分析と関連づけながら効果的な実践を推進するために，ソーシャルスキル研究会を立ち上げ，ライオンズクラブの全面的な支援を受けて「思春期ライフスキルプログラム」のセミナーを開催した。さらに，松阪市子ども支援センターと連携し，「構成的グループエンカウンター」の講座を開催するなど，教職員の資質向上も図っている。
　近年，これらの取組みについても成果の兆候が見られてきており，ここ3年間は毎年不登校発生数が，前年の1割減となるなど，取組みの方向として

間違っていないという手ごたえを感じ始めている。このまま進めていけば，80日以下の初期型不登校数が減少し，その影響を受けて，数年後には130日以上の長期型不登校数も減ってくるであろうとイメージしている。

不登校の発生状況

平成15年から18年までは不登校出現率（長期欠席者数）にほとんど変化がなかったが，県の取組みがスタートした平成19年からは毎年10～15％ずつ減少させることができており，平成21年には取組み当初の平成15年より，33％も件数を減らすことができた。

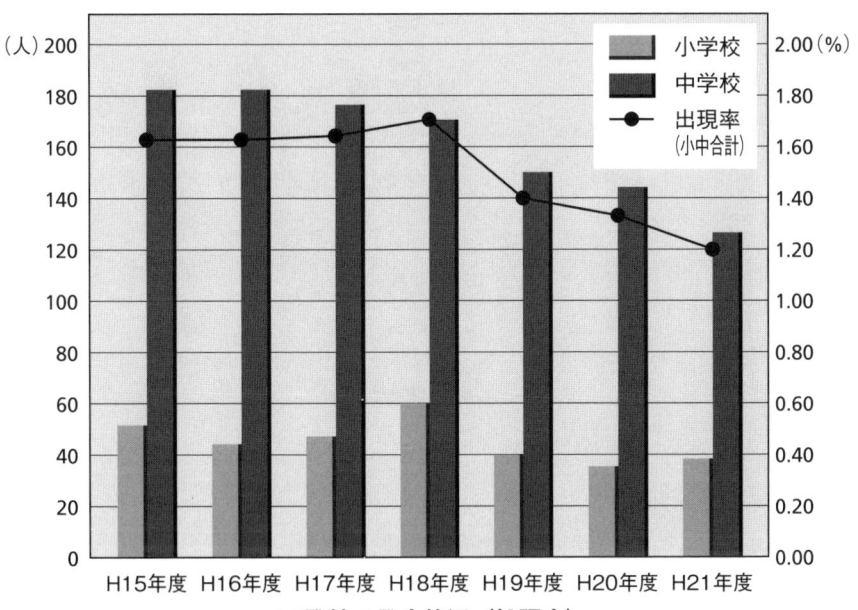

不登校の発生状況（松阪市）

いじめの発生状況

いじめの定義が見直されたことから、平成18年度には件数が大きく増加しているが、これは全国的な傾向である。平成19年度には半減し、取組み当初の平成15年と平成21年を比較しても、件数で35%を減らすことができた。

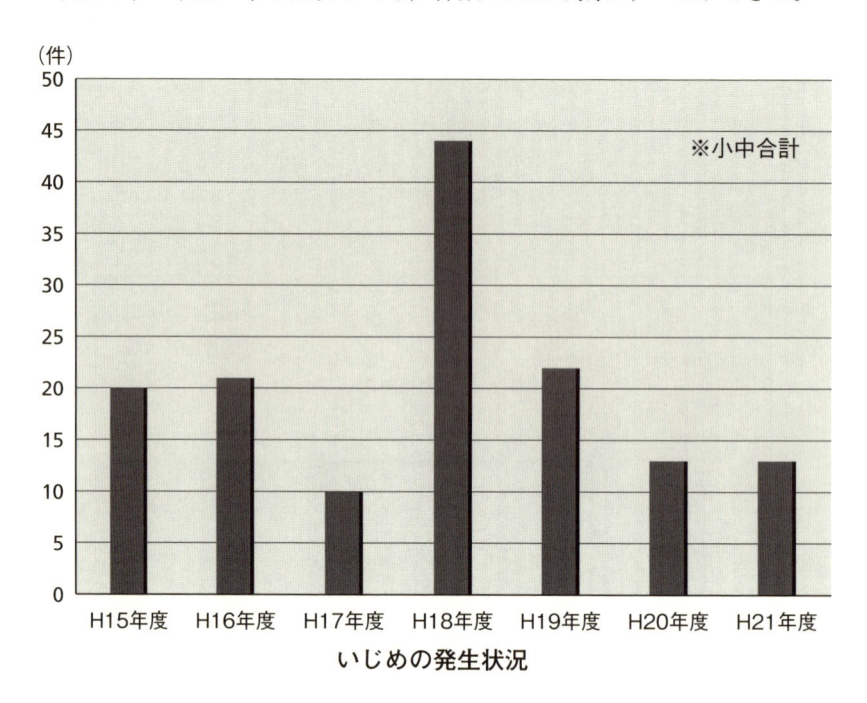

(件)

※小中合計

いじめの発生状況

暴力行為の発生状況

次に示す2つの中学校では、過去に暴力行為が多く発生していたが、さきにのべた学校緊急支援などの取組みの成果によって、平成18年頃までにはその件数が大幅に減少した。その後も、グラフからわかるように、学校が大きく荒れることはなく、平成19年度以降、暴力行為の再発は極めて少なくなっている。数年おきに荒れを繰り返す学校も少なくないなかで、松阪市ではQ-Uを活用した未然防止の取り組みが根づき、功を奏しているといえるだろう。

第2章　市教委の視点から

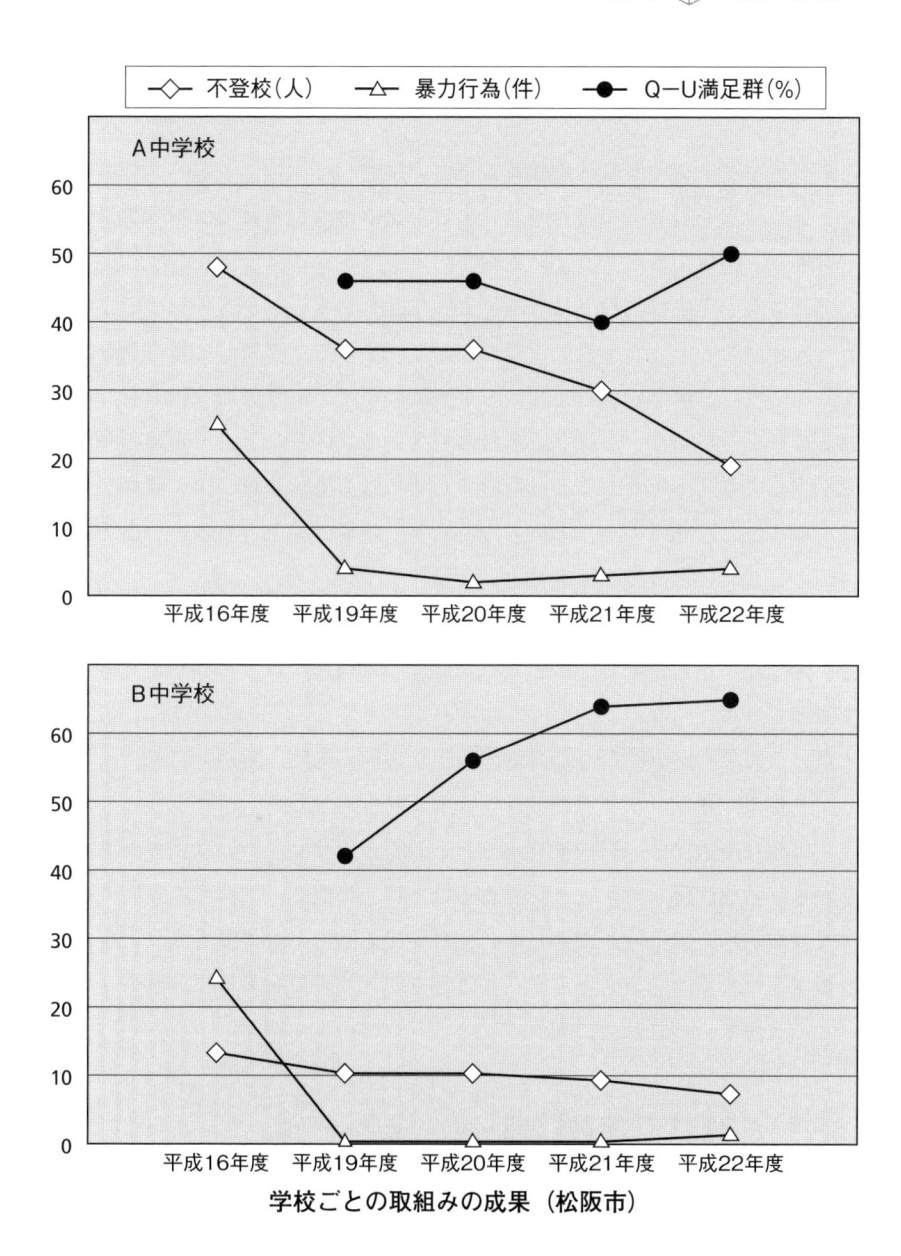

― ◇ ― 不登校（人）　― △ ― 暴力行為（件）　― ● ― Q-U満足群（%）

A中学校

B中学校

学校ごとの取組みの成果（松阪市）

3 システムとネットワークの構築

コーディネーターとしての教育委員会の役割

　三重県教育委員会（当時）の森先生は，松阪市教育委員会はネットワークを構築し，維持するのがうまいと言う。

　例えば青木先生は，自分は人前で上手に話をすることが苦手なので，これぞという話をしてくれる講師を探し出して，その方を招聘して研修会を開催するという。○困難校の抱えている事案について，より適切な指導をしてくれるスーパーバイザーを探し，現場の先生とつなげること，○現場の先生たちが少しでも元気になれるような話をしてくれる講師を見つけ，研修会を開催すること，○効果のある考え方や手法と，現場の先生方とのいい出会いをつくること，に取り組んできた。

　研修会主催者や講師の先生が参加する食事会などにもよく出席し，情報交換に努めた。本人が楽しいと思えるから，しだいに松阪市の仲間たちも誘って参加するようになった。そのつながりが大きくなり，いつのまにか青木先生がいなくても，お呼びした講師の先生と仲間の先生たちがいっしょに食事したりして，ネットワークができていることもあった。

　市の教育委員会が，自前で有することのできるリソースには限界がある。しかし，学校は厳しいケースを抱えるほどに，専門知識や高度な判断力を要する局面が増えてくる。だからこそ，必要に応じて，いつでも人と人，機関と機関をつなぐコーディネーターの役割をとり，資源を何倍にも膨らませていくことが求められるのである。

連携による教員の指導力の向上

　このように実践を進めていく中で，松阪市の中に，教職員，関係機関，県市教委，そして教育研究者にいたるまでのネットワークがつくられてくると，そのネットワークを活かして，各学校が独自に著名な研究者を招聘して研修会を開催したり，また現場の先生たちが研修会の講師として依頼されるよう

になるなど，松阪市全体の指導力の基盤が向上してきている。教育委員会を介さないところでも，人と人のつながりは展開していき，それが結果として，松阪市のネットワークを構築することにつながっている。

　ハートケアサポートチームの関係者会議も，発足当時は何度も担当者が集まって会議をしていたが，今では，そのような会議はほとんどもたれていない。それでも，チーム支援の機能は，現在もしっかりと働いている。立派な組織をつくっても必要性の低いものは，自然に消滅していく。いっぽうで必要なものであれば，小さな組織であっても，担当者が代わっても実効的に機能し残っていくだろう。

　教員同士のネットワークが広がることで，自主的な勉強会なども開始されるようになり，相互啓発が行われていることは，先生方の指導力向上とモチベーションの維持につながっていると思われる。

外部講師の視点から見た三重県の取組み②

講師：粕谷貴志先生（奈良教育大学大学院准教授）

　三重県の取組みと，はじめてかかわりをもったのは，平成15年度である。きっかけは不登校対策の調査への助言であった。その後，員弁町（現いなべ市）のQ-Uを用いた児童生徒理解，集団把握のための研修にご縁をいただき，以後，各教育委員会や学校での研究や研修のサポートを行っている。振り返ってみれば，当時から一貫した担当者らの思いがみえてくる。これまでに積み上げられてきた経験による実践をそのままにするのではなく，調査データをもとにした現状把握，児童生徒の実態のアセスメントにより，それらをより有効な実践へと引き上げていこうとするねらいである。

　教師は日々，実践の渦の中にいる。児童生徒の近いところにいることで見えることは多い。しかし，ともすれば一歩ひいて広い視野で実践を考えることや有効な実践の情報を得ることができなくなりがちである。そのため，それぞれの教師，学校がバラバラに実践を積み重ねることになる。それが，教師間，学校間の温度差や実践の差につながっていく。多くの学校の実践を見渡す機会のあった担当者らは，そのような実践のバラツキを，現状にある最も高い水準の実践に合わせて行く必要が見えており，何とかしたいと思っていたのではないだろうか。

● 優れた実践をした学校，教師集団がモデルに

　取組みが始まってまもなく，Q-Uを使った実践については，いくつかの学校で教師集団がよさに気づいて取組みはじめ，手ごたえをつかみ，成果も出てきていた。しかし，それも異動で教師集団が入れかわると，取組みが消えていく状況であったと思う。そのような中，平成19年度ころから，松阪市立東部中学校の実践などのように，教師集団がまとまって，優れた実践で成果をあげた学校が注目されはじめる。全国から情報を集め大きく動いた教師集団の努力と，予算の確保から研修，研究と学校の取組みを地道に支えた教育委員会のサポー

COLUMN

トがかみ合っていた。そして，近隣の学校が，その実践を取り入れようと動き出すというケースを聞くようになる。

　このように，課題のある生徒を多く抱え，むずかしい状況に対応した実践が，心ある教師を動かし先生方全体の変化につながってきたと感じている。

● これまで大切にされてきた実践の価値との結び付け

　三重県に限ったことではないが，私が依頼を受けてお手伝いする研修に参加される先生方の大半は，Q-Uを使った児童生徒理解や集団把握，それに基づいた集団育成の視点について理解をされて実践をしようとしてくださる。しかし，それぞれの先生方が，所属する学校にもどって，その取組みを教師集団全体の取組みに広げるところには大きな壁がある。

　教師集団が協働して実践に向かうことはむずかしい。それぞれの先生方が，経験に裏打ちされたスタイルをもって，実践を磨いてこられているからである。そこに，新たな変革を求める形で，よくわからないものが入ってくることに抵抗をもたれるのは当然である。研究に熱心に取組み実践を積み重ねた先生ほど，その意識が強いのではないだろうか。

　しかし，変化のポイントは，そのようなご自身の実践に自負をもつ先生方であったと思う。有効な実践のもつ価値は，多くの実践に通底している。これまで大切にしてきた「子どもつかみ」とQ-Uによる児童生徒理解。特別活動などを通して大切にしてきた集団づくりと構成的グループエンカウンターなどのグループアプローチ。実践のある先生ほど，両者の本質にある共通する児童生徒の成長につながる要因が見えたはずである。先生方に「これまで大切にしてきた実践を裏付ける理論や手法」「近年の児童生徒の変化への対応の視点である」ということに気づいてもらうことが，変化のきっかけになっていったように思う。

第3節
名張市教育委員会の取組み

【三重県名張市】
　三重県西部，伊賀地方に位置する市である。周囲を山野と渓谷などの美しい自然に囲まれ，四季折々の鳥の鳴き声を聞きながら暮らすことができ，観光都市と生活都市の両面を併せ持つ市である。名張市教育委員会指導主事（当時）の山村浩由先生にお話をうかがった。

1 名張市の課題

　名張市は，近鉄大阪線の沿線に位置するベッドタウンである。大阪府や奈良県が通勤圏内であることから，1980年代前半より多くの大規模住宅地が造成されて人口が急増した。現在の人口は微減傾向にあるが，そのいっぽうで，古くからの農村・商業地域も存在しており，混在型の都市となっている。このような地域の変化に伴って，児童生徒や保護者の生活観や価値観は多様化し，各家庭のライフスタイルもさまざまになってきた。そのため，学校や教師と，児童生徒やその保護者との間では，感覚のズレが生じやすくなってきていた。
　平成18年当時，三重県の不登校発生率は全国で中程度であったが，その中で名張市の不登校発生率は高いほうに位置していた。新興住宅地と旧市街地の混在する名張市では，学校や地域によって不登校の要因が多種多様であると考えられ，個に応じた対応が求められるようになった。
　このような背景のなか，学校や学級によって児童生徒理解の方向性にばらつきがあり，学校体制での取組みが弱いために，適切なアセスメントができなかったり，初期対応が遅れたりすることにつながっていると考えられた。

また，中学校では当時，生徒の反社会的行動への対応に追われているケースもあり，不登校への取組みはどうしてもその次の対応とされてしまいがちだった。

　名張市の課題は，学校や学級によって抱えている問題が異なり，教師たちの問題意識にも違いが生じるなか，どのように教師の意識改革を行い，共通認識をつくりだしていくかということであった。また，それぞれの学校で，いかに組織的な対応を確立し，すべての教師が一定のレベルで子どもたちに援助や対応をしていけるようにできるかどうかが課題であった。

　平成18年度の実態を踏まえ，名張市教育委員会の上島和久教育長が「不登校を19年度から3年間で半減する」という数値目標を掲げ，平成19年度に県の「問題を抱える子ども等の自立支援事業」を受けて，以下のような仮説を立てて不登校対策に取り組んだ。

仮説①　Q-U調査で満足群80％以上をめざした学級づくりを行う。このような学級は，学校生活に対する子ども一人一人の満足感が高いだけでなく，学級内にも一体感が生まれ，子どもたちの自治力が向上する。結果として，心配なクラスメイトに互いに声をかけあう子が出てくる。けじめと暖かさのある安心できるクラスの雰囲気等は，不登校傾向を示しやすい子どもたちにとっても居心地のよい状態をつくり，不登校を未然に予防することにつながるだろう。

仮説②　教師が気づきにくい子どもたちの心の状態をQ-U調査でできるだけ把握し，不満足群に対する早期の対応を，全教職員が共通理解し，全校体制で取り組んでいくことはとても大切であり，この段階で対応できれば，集団に戻れる可能性が高まるとともに，不登校が長期化することを防ぐことができるだろう。

2 取組みに伴う困難と具体的対応

　それまでの不登校対応は，あまり登校刺激を与えないケースが多く見られたため，仮説①②に基づく新しい不登校対策が打ち出されることは，「子どものことを考える」という点では理解されても，積極的にその対策を学校の中へ入れていこうとすることに対しては，教師にとまどいが生じることが予想された。そこで，時間はかかるが次のように段階を追って取り組んでいった。

1　教師の認知を変化させる取組み

　不登校のとらえ方や，不登校の子どもへの対応の方針が，学校や教師によってばらつきがある状態では，不登校を予防する学級づくりの取組み（仮説①）についても，なかなか理解されず，取組みが停滞することが予想された。そこで，仮説①，②に基づく実践を行う前提として，教師の共通認識をつくり出していくために，最低限これだけは行おうという具体的な行動の枠組みをマニュアル化していった。つまり，名張市では，具体的な行動に働きかけることで，教師の意識を高揚させていこうとしたのである。

欠席日数によるチェック方式の導入
　子どもの小さな変化を見逃さないために，欠席日数を「不登校・不登校傾向児童生徒報告書」でチェックするという方法を導入した（P104参照）。
　報告書の対象となる児童生徒は，その月に2日以上欠席した子どもの中で，実際に「風邪で高熱が出た」といった明らかに病気とわかる欠席理由以外のものとした。また，前年度の欠席日数，欠席の連続または断続を問う『形態』，欠席の『理由』，学校での『取組み』，校内や校外での『連携』についてなどの記載を求めた。

それぞれの項目については，教師が短時間で記入しやすいよう，記号を選択する形式にした。さらに，記入者によるばらつきを防ぐために，必ず担任と教育相談担当が相談のうえで書き込むこととした。

　この取組みは，子どもの欠席に対する教師の認知を大きく変化させた。また，理由のはっきりしない月２日の欠席に対して教職員が敏感になることで，該当生徒の保護者の意識も高めることにつながった。

　また，教育委員会では，さらに各学校の報告書の記載内容をこまめにチェックし，気になったことはすぐに問い合わせることを繰り返した。報告書の記載の仕方や欠席児童生徒への対応について，教育委員会が学校とともに状況把握することで，各校の取組みのさらなる充実をはかったのである。

不登校防止対応マニュアルの活用推進

　さまざまな要因を含む子どもの欠席に対して，各学校間で対応の違いが出ないようにするために，名張市教育委員会は適応指導教室と連携して，不登校防止対応マニュアルを作成し，その活用を積極的に推進した（P106参照）。

　子どもの欠席の原因は不登校だけでなく，「病気」「経済的理由」「虐待」等，さまざまであり，当然，それぞれの理由によって必要な対応は違ってくる。しかし，「長期欠席＝不登校」との見方が依然としてあったため，対応がどの子どもに対しても同じになりがちであった。家庭訪問を行って，子どもや保護者と話をしながら，状況を把握することは行っていたが，個々に応じた再登校へ向けての次の一手が弱く，あまり登校刺激を与えないことも多かった。そこで，対応マニュアルは年度当初に各学校に配布し，校内のコーディネーター役である教育相談担当者に直接説明して，担任や学年によって対応の違いが出ないように徹底した。マニュアルは，各教師や各学校に対して，行動レベルで「ここまでは必ず対応しよう」という意識を共有化させていく役割を果たした。この共有化が，学校間の取組みの差をなくし，対応のばらつきをなくすうえで大きな意味をもったと考えられる。

不登校・不登校傾向児童生徒の報告書の書き方（名張市）

【書式】

NO	年	組	名前	性別	出身小	欠席日数							
						前年度	4月	5月	6月	7月	8月	3月	合計
1													0
	形態	理由	F:その他の理由		取組		連携		取組等の補足				

NO	年	組	名前	性別	出身小	欠席日数							
						前年度	4月	5月	6月	7月	8月	3月	合計
2													0
	形態	理由	F:その他の理由		取組		連携		取組等の補足				

【記入上の注意】

① 前年度の欠席は必ず記入のこと。

② 『形態』…1：連続
　　　　　　2：断続（番号で記入のこと。）

　　注1）『月末統計』の担当と連携し，欠席の把握に努めること。

③ 『理由』…A：学校生活上の影響［A1：いじめ，A2：いじめを除く他の児童生徒との関係，A3：教職員との関係，A：その他］
　　　　　　B：あそび・非行
　　　　　　C：無気力
　　　　　　D：不安などの情緒的混乱
　　　　　　E：意図的な拒否
　　　　　　F：その他（「F：その他」を選択した場合は，理由を右欄に記入）

　　注2）記号で記入のこと。複数回答可とする。

④ 『取組』…a：個別の支援計画を作成している
　　　　　　b：担任だけでなくチームで取り組んでいる
　　　　　　c：他の児童生徒とともに取り組んでいる
　　　　　　d：保護者と連携して取り組んでいる
　　　　　　e：その他（「e：その他」を選択した場合は，「取組等の補足」に記入）

　　注3）記号で記入のこと。複数回答可とする。

注4)『取組』の欄が空欄にならないようにすること。
⑤『連携』…ア：適応指導教室との連携
　　　　　　イ：教育委員会との連携
　　　　　　ウ：児童相談所・福祉事務所との連携
　　　　　　エ：保健所・精神保健福祉センターとの連携
　　　　　　オ：病院・診療所との連携
　　　　　　カ：警察署との連携
　　　　　　キ：民間団体・民間施設との連携
　　　　　　ク：スクールカウンセラーや相談員との連携
　　　　　　ケ：特別支援教育関係機関との連携
　　注5)記号で記入のこと。複数回答可とする。
⑥『形態』『理由』『取組』『連携』を検証した結果，報告月により変更してもよい。
⑦月に2日以上欠席している児童生徒は，その理由を充分に把握し，今後，断続的または継続的に欠席が心配される場合（病気や経済的理由は除く），不登校傾向または不登校児童生徒として報告すること。
⑧必ず担任や学年主任等と相談の上，記入すること。
⑨すでに報告されている児童生徒について，指導等により改善がみられ，年間30日以上の欠席が見込まれない場合は，報告しなくてもよい。（転校の場合は，その旨学校教育室に連絡すること。）

【解説】
①平均月3日（夏休みを除く）の欠席があると，「年間30日以上の欠席」という文部科学省の不登校調査の定義に当てはまる。そこで報告書では，「月2日欠席」を未然防止のわかりやすい指標として報告を求めている。
②市教育委員会は各学校の報告書の記載内容をこまめにチェックし，問い合わせることで，「ただ報告すればよい」という意識を防ぐ。また，適切な対応について早期の段階でアドバイスを行う。

不登校防止対応マニュアル

名張市教育委員会

> 連続する「月2日の欠席」がポイント
> 学校全体でどのように対応したらよいか・・・

児童生徒	担任	学校
予兆 ・一人でいることが多くなる ・表情が暗い ・月曜日に休みが多い ・特定の曜日に休む ・体調不調を訴える ・遅刻や早退が多くなる	**児童生徒理解** 　本人や友だちから話を聞く 　保護者から話を聞く **学年主任に相談** 　管理職、養護教諭 　教育相談担当に相談 **状況の把握** 　本人から・・・観察や面談 　友だちから・・観察や面談 　教職員から・・同学年、 　　　担任、養護教諭、ＳＣ 　保護者から・・連絡帳、 　　　電話、家庭訪問、 　　　学校で面談	 学年等で対応策を協議 場合によってケース会議
背景 ・学業不振 ・友だちとのトラブル ・家庭環境の変化 ・親子関係 ・教師に対する不信感 ・本人の抱える問題 ・虐待　等		

1日目の欠席	朝は学校体制で・・連絡・報告を！	
家庭から欠席の連絡の場合	連絡を受けた者が、欠席理由等を具体的に聞く 　※熱の有無、検温の有無、病院受診の有無を確認 　　↓ 　行き渋り身体症状等が明らかになる	
本人からの電話連絡の場合	折り返し保護者に連絡し確認	
欠席連絡がない場合	**朝の対応** 　必ず学校から保護者に連絡する（連絡者を明確に） 　担任が授業の場合は、学年又は学校で対応する 　（児童生徒の様子を把握している者がすると効果的）	
	放課後の対応 ○電話連絡又は家庭訪問 〔連続した欠席にならないように〕 ○机や下駄箱、ロッカー、掲示物の確認 　プリント類が机上にある、汚れている、落書きがある、いたずらされていないかどうか ○周囲の友人から情報を得る	担任だけで出来ないときは、学年等で対応

106

第2章　市教委の視点から

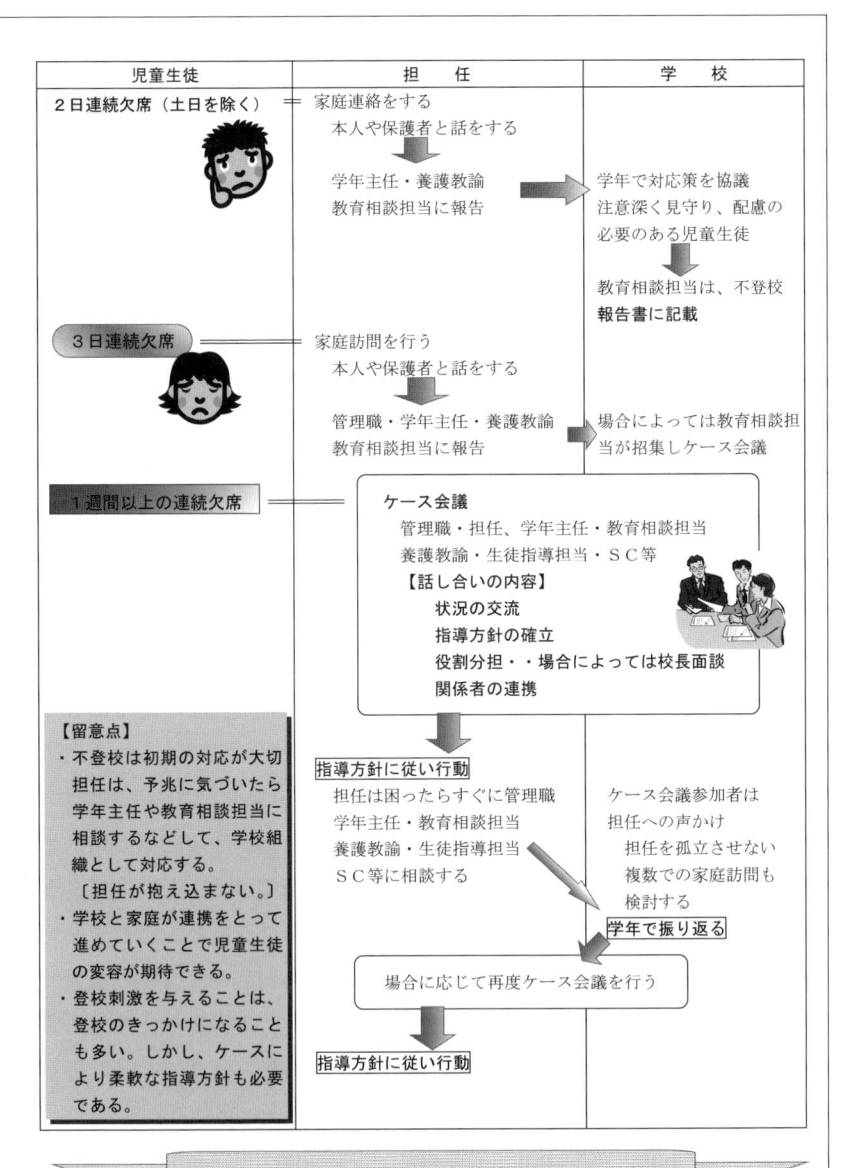

児童生徒	担　任	学　校
2日連続欠席（土日を除く）	家庭連絡をする 本人や保護者と話をする	
	学年主任・養護教諭 教育相談担当に報告	学年で対応策を協議 注意深く見守り、配慮の 必要のある児童生徒
		教育相談担当は、不登校 **報告書に記載**
3日連続欠席	家庭訪問を行う 本人や保護者と話をする	
	管理職・学年主任・養護教諭 教育相談担当に報告	場合によっては教育相談担 当が招集しケース会議
1週間以上の連続欠席	ケース会議 　管理職・担任、学年主任・教育相談担当 　養護教諭・生徒指導担当・ＳＣ等 　【話し合いの内容】 　　状況の交流 　　指導方針の確立 　　役割分担‥場合によっては校長面談 　　関係者の連携	
【留意点】 ・不登校は初期の対応が大切 担任は、予兆に気づいたら 学年主任や教育相談担当に 相談するなどして、学校組 織として対応する。 〔担任が抱え込まない。〕 ・学校と家庭が連携をとって 進めていくことで児童生徒 の変容が期待できる。 ・登校刺激を与えることは、 登校のきっかけになること も多い。しかし、ケースに より柔軟な指導方針も必要 である。	指導方針に従い行動 担任は困ったらすぐに管理職 学年主任・教育相談担当 養護教諭・生徒指導担当 ＳＣ等に相談する	ケース会議参加者は 担任への声かけ 　担任を孤立させない 　複数での家庭訪問も 　検討する 学年で振り返る
	場合に応じて再度ケース会議を行う	
	指導方針に従い行動	

不登校児童生徒の状況が学校全体で分かる取組を

2 取組みを実行する段階

月2日の欠席に目を向けさせ，早期に対応を促していくことで，子どもたちの不適応感に対する教師の問題意識を喚起することができた。しかし，子どもは家庭と学校では見せる姿が違うと同様に，教師によっても見せる姿は違っている。中学校で生徒指導を多く担当していた山村先生にとって，問題行動を起こしたり，不登校になったりした生徒たちは，印象深く心に残っているが，今でもいちばん心に残っているのは，いわゆるサインを全然感じなかった生徒であるという。

その生徒は，学級開きをして間もないころから，突然，全く話をしなくなった。授業には，まじめに取り組む生徒だったが，友達が少なかった。はっきりとした原因がわからないまま，他の生徒や保護者等の協力を得て，さまざまな取組みを行ったが，この生徒の思いが把握しにくく，不登校になってしまうのではないかという不安がつきまとったという。

サインを発しない子どもたちの中にも，いろいろな問題を抱えている子どもがいる。子どもたちは，教師である自分の前でだけ「何もなかったかのように振る舞っている」だけなのではないだろうか，自分はほんとうに生徒たちの姿を捉えきれているのだろうかという自問自答をいつも抱えていた。教師の前で，子どもは問題行動等の前兆を見せにくく，未然防止や早期発見・早期対応にもつながりにくい。また，生徒指導体制でのリーダー役である生徒指導担当者が，「私の前では問題がない」という発言をしてしまうと，他の教師がそれ以上何も言えなくなってしまう現状もあるのではないか。

名張市教育委員会では，Q-U調査を実施していくことで，教師の観察だけでは気づきにくい子どもの様子を把握するとともに，見立ての違いをカバーしていくための共通のものさしができると考えた。

段階的なQ-U調査の導入

教育委員会では，教師にQ-U調査の必要性について理解してもらえると

思っていたが，大きな壁となったのが予算であった。その必要性をどう訴えていくのかが課題となった。

このように予算の問題もあり，取組み1年目は，全市でQ-U調査の一斉実施を行うことはできなかった。また，全市での実施をいきなり提案することは，「なぜ？」「何のために？」「誰が必要としているの？」「誰が買うの？」等の学校現場の抵抗感を強めてしまう心配もあった。そこで，平成18年度から20年度までの3年間をQ-U調査活用研究期間と位置づけ，教師の満足度が低ければその後は実施しない，「継続」の声が多ければ，全市で実施するという計画を立てた。根気よく取組みを進めて，時間をかけて導入することが，教師の取組みに対する意識を高めることにもつながると考えた。

---

①子ども理解を深める方法として，Q-U調査という手立てがあることを周知しいく段階
②希望制でQ-U調査を実施していく段階
③Q-U調査の実施を希望する学校を広げていく段階
④実施校の意見を検証して成果を確認し，確認できれば市内全小中学校で実施する段階（3年後）
⑤市内の全小中学校で実施しながら，各校の取組みを交流して，実践を深めていく段階
⑥調査と活用が学校に定着する段階

ニーズに合わせた言葉で取組みの周知を行う

実際にQ-U調査の実施希望を募ってみると，驚いたことに初年度から希望する学校が多く，すべての学校の希望を叶えることができないほどであった。子どもたちの様子が見えにくくなってきた中で，教師の中には漠然とした不安感のようなものが芽生え，「このままのやり方では，いつか限界が来る」という危機感があったためかもしれない。また，若い先生たちには，子ども理解のために役立てたかったようである。

実施校の研修会には山村先生ができるだけ出かけ，結果の見方だけでなく，実践に生かす方法も含めて指導した。名張市では，もともと「子ども理解」という言葉や，それを意図して行う実践については抵抗が少なかったことから，山村先生はできるだけ専門的な用語を使用せず，教師になじみのある言葉でQ-U調査の目的について周知をはかっていった。また山村先生自らも，各地の研修にできるだけ参加して研鑽を積むとともに，取組みの情報収集や，新しい講師の発掘などに努めた。
　こうして名張市では，"新しいこと"ではなく，これまでの「子ども理解」の取組みを充実させるものだと理解されるに従って，Q-U調査は教師に定着していった。そこには，Q-U調査でプロットに現れる子どもたちの様子について，教師が一生懸命に子ども理解をしようとする姿があった。

3　取組みを広げ，組織的に根づかせていく段階

モデル校方式で広げていく

　各学校でQ-U調査の活用が進み，ある程度校内に共通理解が生まれてきた時期を見計らって，不登校の初期対応や，不登校を生まない学級集団づくりについて，教育相談担当と生徒指導担当に直接話をする機会を多くもった。特に，教育相談担当者会議は開催回数を増やし，不登校傾向の児童生徒への対応が市内であまり大きく違わないよう，マニュアルの活用方法を徹底した。
　校内においては，教育相談担当と生徒指導担当の連携だけでなく，特別支援コーディネーターとの連携を強化するとともに，校外においては，医療関係や福祉関係等との連携もさらに強化した。
　さらに，各学校で不登校の子どもが再登校したり大きく改善が見られたりしたケースは，積極的に取り上げて，実践交流の機会とするなど，会議の内容の深まりを図った。
　このように名張市では，早くから取り組んでいる学校や成果を上げている学校をモデルにして，市全体へ実践が広がっていくように戦略を練った。取

り組み校には場を設けて成果を発表してもらい，効果があったことを公表することで，市内全体の取組み意欲を喚起していった。

研修方法の効率化

これまでは各学校から要請があった場合に，指導主事が学校に出向いて，Q-U調査結果の見方やその活用方法等について具体的な指導助言を行ってきたが，それも数が増えるに従って限界が生じてきた。そこで，平成22年度からは，「学級満足度調査活用検討委員会」を立ち上げ，各校のQ-U調査担当者（推進者）が，各学校での活用方法について互いに交流等を行えるよう場を設けた。また，Q-U調査とその活用方法について教師が学べるよう，名張市教育研究所と連携して講座等を開催した。

学級満足度調査活用検討委員会の各校の担当者については，生徒指導担当と限定せずに，各学校の抱えている課題や校務分掌の実態によって，教育相談担当や研究主任等が担当してもよいことにした。

また，不登校傾向の児童生徒への具体的対応をどのように進めればよいかを教師が学べるように，担任や教育相談担当等を対象にした事例検討のための研修会を，市教育委員会と教育研究所が連携して開催した。各学校には具体的な子どもの事例を持ち寄ってもらい，招聘した講師から，どのようにアセスメントするかに力点を置いたケースカンファレンスを実施してもらった。さらには，市内の全教師を対象にした悉皆研修の場でも公開ケースカンファレンスを実施し，不登校児童生徒に対する教師の意識を高める取組みを行った。

第1回学級満足度調査活用検討委員会の様子

三次的援助への介入

　教育委員会では，前述の「不登校・不適応傾向児童生徒報告書」を基に，欠席が始まった早い段階で各学校の児童生徒の状況をつかみ，それに対して各校がどんな取組みをしているかを把握している。これにより，対応がうまくいってないケースや，学校の対応だけではむずかしいケースには，教育委員会が積極的に学校と連携して，早期に適切に対応できるようになった。

　例えば，子どもが学校へ行かないのを保護者が放置しているケースや，ネグレクトに近い状態で養育され，子どもが学校へ行きたくても行けないケースで，専門機関などと連携して学校が対応を重ねても解決の道が見えない場合には，教育委員会が保護者に対して「督促」を行うこともある。それでも保護者の状況が改善されない場合には，法的手段を見越して「通告」を行う。司法機関や福祉機関に協力を要請する判断はむずかしいが，このように段階を踏むことで，学校のもつ資源だけでは対応しきれない部分を，教育委員会がサポートしている。

　また，教育委員会が行っている各学校への指導内容や適応指導教室での対応については，不登校対策を専門分野としている大学の教授をスーパーアドバイザーとして招聘して，定期的に指導助言を受けている。

3 取組みの成果

不登校の出現率

小学校，中学校ともに不登校出現率の減少が見られる。特に，平成18年度から平成21年度では，小学校で0.26％，中学校で1.88％も減少している。

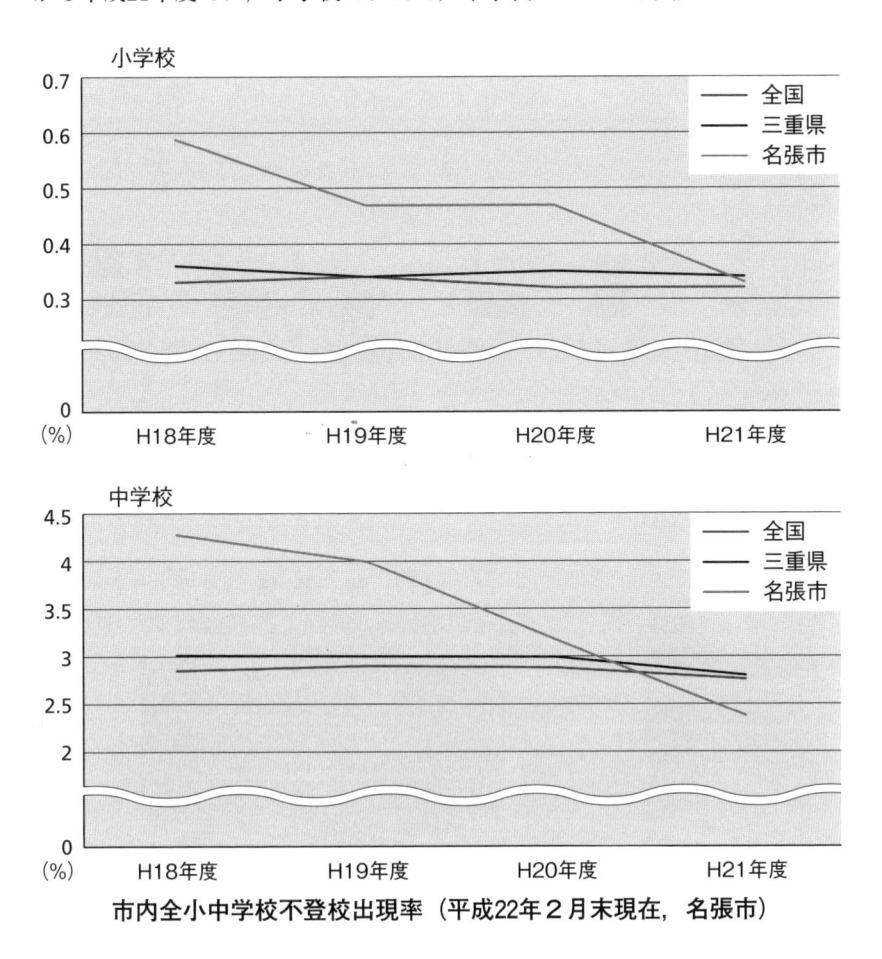

市内全小中学校不登校出現率（平成22年2月末現在，名張市）

学級生活満足群の割合

　名張市の小学校の満足群の割合は約50％であり，また中学校の満足群の割合は約60％であった。小中学校ともに満足群の割合が，全国の満足群の割合（小学校低学年41％，小学校高学年38％，中学校35％）を大幅に上回っていることがわかる。特に小学校では，1回目に比べて2回目に満足群の児童が9％増加していた。中学校では，満足群の割合は1％減少しているものの，満足群の生徒を大きく減らすことなく，現状維持できていると考えられる。

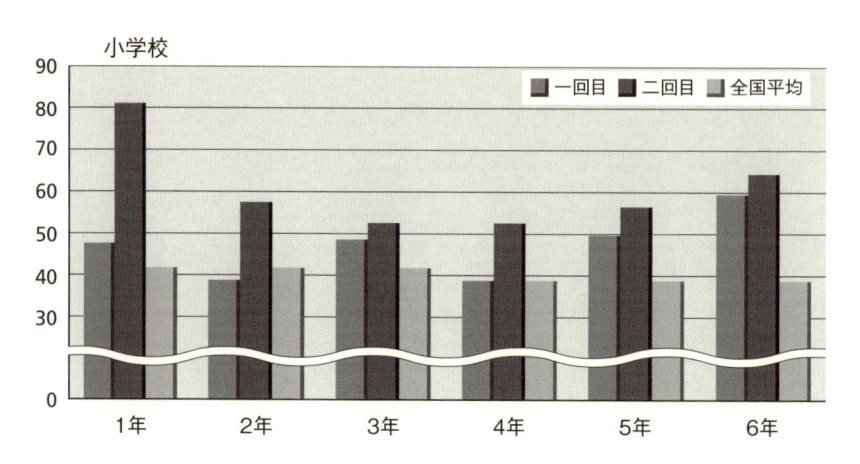

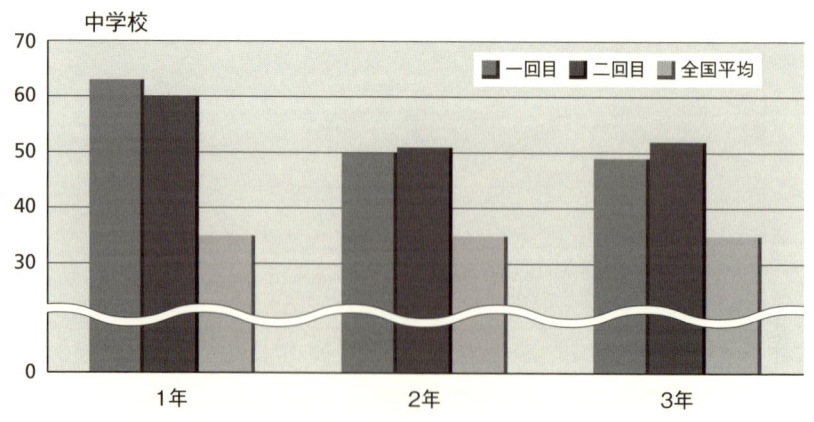

市内全小中学校満足群の推移（平成21年実施，名張市）

３年間の教師の声をもとに

　活用研究の最終年度に，Q-U調査実施校の担任に対して，４項目からなるアンケートを実施した。回答は自由記述方式とし，アンケートを提出する前に，研修等で内容を交流する機会を設けるよう指導した。

　実施した担任のほとんどから，「必要な対応がよくわかった」「学級経営を行ううえで意義のあるものだった」「継続して実施したい」等の意見があり，中には，「実施時期を学校で決めたい」「実施回数を増やしてほしい」等の意見もみられ，学校の主体性を大切にしていきたと感じる結果であった。

　この結果を受けて，名張市では，平成22年度から市内の全小中学校全児童生徒を対象にQ-U調査を実施している。実施後は，各学校のQ-U調査の調査結果（データ）を集め，名張市全体としての児童生徒の状況も把握し，名張市全体の取組みとの関連も明らかにするために，名張市の「学力・体力調査活用検討委員会」が掲げている「確かな学力」「豊かな心」「健やかな体」（「生きる力」の３つの要素）のうち，「豊かな心」に関連してQ-U調査の有用性を説明したり，互いの関連性を訴えたりしている。

　名張市では，Q-U調査が児童生徒のアセスメントに役立つだけでなく，市内の教師の共通のものさしとして活用されることにより，小中連携がさらに深まっていけるよう，さまざまな場面において仕掛けをしていきたいという。今から３年間の取組みを，新たな一つの区切りとして検証していきたいと思っている。

引用参考文献
①平成21年度問題を抱える子ども等の自立支援事業報告書
②名張市不登校・不登校傾向児童生徒の報告書（名張市）
③不登校・不登校傾向児童生徒報告書の書き方（名張市）
④不登校防止対応マニュアル（名張市）

三重県のスクールソーシャルワーカー活用について ―その1―

　スクールソーシャルワーカー（以下SSW）は，児童生徒一人ひとりを取り巻く環境との相互関係に着目し，当該児童生徒が本来もっている力を引き出すことにより，あたりまえに生きる環境を回復するために必要な援助を行う人材である。三重県では，平成19年度に初めてSSWが3名採用され，学校においてさまざまな支援を必要とする事案に活用されている。

　本コラムでは，三次的支援の観点から，学校外部の人的資源としてSSWが果たした役割と，学校との連携について報告する。

(1) 導入までの経緯

　三重県教育委員会は平成16年度から本格的に学校緊急支援を始め，市町教育委員会または学校の要請に基づき，学校現場を直接サポートすることを目的に，生徒指導特別指導員（P24参照）を派遣してきた。これまでに，それらの指導員や指導主事からの報告を分析してみると，子どもたちの眼前に現れている課題や困難さは，現象の表層的な面に留まらず，生活環境・外部環境に着眼しなければ解決に至らないと考えられる現状が浮き彫りになってきた。

　また，学校緊急支援といっても支援する対象はさまざまで，児童生徒，教師，保護者，学校組織など多岐にわたる。このなかで，それまでの生徒指導特別指導員のキャリアでは，十分に対応できない事例も多々出現してきた。そこで，ネグレクト等の児童虐待被害，経済的困難さから保護者が昼夜労働しているため，一日の殆どを保護者と顔を合わすことなく生活している子ども等，福祉的な専門家の視点での分析や対応と福祉関係機関と連携した支援をより充実させるために，SSWを採用することになった。

(2) 各都道府県のSSWの活動形態

　SSWは制度化された取り組みではなく，それぞれの自治体において活動形態が異なるが，おもに次の三形態があると認識している。

COLUMN

水谷明弘

①学校配置型	配置された学校の一員として活動
②拠点校巡回型	配置された拠点校では学校配置型の活動を行いながら依頼や要請のあった学校へ巡回する活動
③教育委員会事務局からの派遣型	教育委員会事務局に配置し,依頼や要請のあった学校へ派遣され活動

(3) 配置,活動,資格

　三重県の場合,SSW は県教育委員会事務局に配置される。これまで SSW として採用されたのは,社会福祉士,精神保健福祉士,外国での SSW 経験者,臨床心理士,生徒指導特別指導員で生活支援などの自立にむけた援助支援で実績があった者である。SSW の所有資格は,平成19年度の導入時と現在では変わってきている。また所有資格と同様に重視されているのは,これまでの学校心理臨床,福祉援助関係,自立に向けた生活支援などの経験である。

(4) SSW の派遣

　三重県では,県教育委員会事務局に配置された SSW を,市町教育委員会または学校の要請に基づき,学校緊急支援として派遣する形をとっている。また,SSW の役割がまだ新しく,学校現場での活動例も少ないことから,生徒指導特別指導員とセットで派遣することで,学校関係者との連携をとりやすくしている。

＜学校緊急支援の形態＞
①指導主事を派遣,教師に助言等の活動
②生徒指導特別指導員を派遣,派遣先の教員と連携して活動
③生徒指導特別指導員および SSW を派遣,派遣先の教師と学校内外の環境改善活動
④その他……①〜③の組み合わせで支援

三重県のスクールソーシャルワーカー活用について ―その2―

(5) 学校におけるSSWの役割
① SSWの活動分野例
・教師へのコンサルテーション
　社会資源（福祉事務所，児童相談所，保護士等）の活用を促す
・校内体制づくりへの助言
　ケース会議の進め方，開催方法，構成メンバー等
② SSWから得られるケースの見立て
・養育歴，障がいなどの個人の発達に関わること
・学習の遅れ，教科への興味関心など学習に関わること
・進学希望，就職希望など進路に関わること
・起床，就寝時刻，朝食摂取など生活習慣に関わること
・家族構成，養育力，虐待の有無など家族に関わること
・暴走族やカラーギャングへの加入など学校外の交友関係に関すること
・友だち関係，恋愛関係など学校内の交友関係に関すること

(6) SSWや警察と連携して行った支援事例
① デートDV（中学校・高等学校の例）
・男子保護者の女性観（蔑視）の考え方の矯正　→　SSW，民生委員
・女子生徒の支援　→　SC，教育相談担当教員
・女子生徒の安全配慮　→　SSW，教員，生徒指導特別指導員，警察
・男子生徒の立ち直り支援　→　担任，学年主任，生徒指導特別指導員
・QUを活用した学級集団育成による再発防止　→　指導主事，教員
② 複数児童による授業妨害（小学校の例）
・担任支援　→　生徒指導特別指導員，管理職，SC
・児童の立ち直り支援　→　SSW，教員，児童相談所，警察
・校内体制支援　→　保護者，教育委員会

COLUMN

・Q-Uを活用した学級集団育成による再発防止　→　指導主事，教員

③母親によるネグレクト（小学校の例）

・母親への指導助言　→　SSW，管理職，児童相談所，警察

・交友関係（男性）への助言　→　SSW，生徒指導特別指導員，管理職

・児童への支援　→　SC，担任，養護教諭

④暴走族からの脱退支援（中学校・高等学校の例）

・生徒の脱退支援　→　生徒指導特別指導員，警察

・生徒の立ち直り支援　→　SC，担任

・保護者への支援　→　SSW，担任

・非行防止教室の開催による啓発活動　→　警察

第3章 学校の視点から
―― 組織で動ける学校づくり ――

第1節 いなべ市立山郷小学校の取組み

【三重いなべ市山郷小学校】

　三重県北勢地域にあるいなべ市山郷小学校区は，古くから農村地域であったが，近年は自動車関連工場が多く進出し，他地域の人の流入が増えている。旧住民3.5～4割に対して，新しく転居した住人が6～6.5割おり，住人年齢も他の近隣地区と比較すると若い特徴がある。前校長の藤岡玉樹先生にお話をうかがった。

1　山郷小学校の課題と取組みの全体像

　山郷小学校は全校児童数320名ほどの学校で，通常学級12，特別支援学級3（自閉・情緒学級2，肢体不自由学級1）の計15学級と，併設しているLD等通級教室がある。学級の中には，社会的に弱い立場にある子，社会性の身についていない子，LD・ADHDなど発達障がいが疑われる子など，気にか

かる子どもの割合が他の学校と比較しても多い。

　子どもたちのニーズに合った教育支援をいかに日常の学校生活のなかにつくり出していくかという課題をもっていたが，それがうまくいかずに，学校が荒れた時代もあった。そのときに徹底的な話し合いを通して，子どもたちのとらえ方，支援のあり方，システムが積み上げられ，それが現在も大切に引き継がれている。

　現在の山郷小学校の課題は，このような支援の質とシステムを，今後もいかに維持していくかということにある。他校から異動してきた教師は，まず山郷小学校の綿密なシステムに驚き，ほんとうにそこまでする必要があるのかという疑問を抱く。しかし，山郷小学校では担任による実践方法の違いは結果として子どもたちに混乱をもたらすことになり，一貫した実践の継続ができないという事態につながっていくと考えている。

　徹底した研修と話し合いによって，教師間の共通認識をつくりだし，「授業3原則」を定めて，授業のルールや進め方を先生方で統一している。

2 前段階

1　7年前の荒れの教訓

　いまから7年前，山郷小学校の子どもたちの姿には大きな課題があった。当時の教職員たちは，次のように子どもたちの姿をまとめている。

　教室内には，教師の上げ足をとって教師が困るのを喜ぶ子，自分の思いどおりにならないと突然怒り出して物を投げる子，パニックになる子，おもしろくない，楽しくないと思うと教室を飛び出してしまう子，授業が始まっても戻ってこない子，授業中に私語やほかのことをする子，無気力でボーッとしている子など，さまざまな姿があった。一斉授業が成り立ちにくい学級や，学級崩壊ではないかと思える学級もあった。当然，保護者からも厳しい声を

もらった。臨時の保護者懇談会も開催され，ざわざわして落ち着きのない学校，ある種の緊張の走る学校だった。ストレスをため込む職員も多く見られ，体調を崩す教師もでてきた。

　この状態になるまで，子どもたちの変化に気づかなかったことに先生方は申し訳なさを感じており，なんとか立て直したいという思いはどんどん強くなっていった。ところが，いざ学校を立て直したいと思っても，何から取り組んでよいか見当もつかなかった。校内のあらゆる会議（職員会・研修会そして，職員室内での意見交流）で，話し合いが続けられた。これほど継続して話し合いができたのは，「授業が成立せず，学級崩壊状況である学級の子どもたちの課題が，担任の指導力不足の結果であるとの見方だけでは解決できない」ということを，すべての教師が感じていたからである。今まで通用していた指導方法が通用しない，学びが積み上がっていかない等の子ども状況への危機感があった（この実感は，後の教職員の学びの中で，それが発達障がいにも起因しているのだとの認識が深まっていくことにもつながっていった）。

2　徐々に見えてきた子どもたちの特徴

　話し合いと取組みを進めるうちに，授業における子どもたちの気になる特徴がいくつかわかってきた。①気が散りやすく集中が続かない。②状況判断が苦手で自信をもてず不安を抱えている。③学力に課題があり，一度に多くのことを言われると混乱する。

　特に先生方の実感の共通点であったこの3点を子どもたちの困り感ととらえ，「特別支援教育の必要な子どもがわかる授業は，他のどの子もわかる授業である」と考えて，以下の実践を重ねていった。

①気が散りやすく集中が続かない子への支援
　・教室環境を整える
　　教室前方に掲示物を張らず，黒板からも無駄なものをなくし，とにかく

シンプルにするよう心がけた。また，授業後は黒板をすっきり消すようにした。
・机の上にものを置かない
　「机の上にものがあるからさわるんだ」という発想で，初めから教科書やペンケースを出しておくのはやめ，使うときに出すという方向に変えた。
・よい姿勢を保つ
　体の中心から末端へ発達が向かうということを考えても，まっすぐに背骨を伸ばして座る・立つというのは，成長期の子どもにとって大切なことであると考えた。また，意欲が低下しているときには背骨が伸びずに姿勢がぐにゃっとしている，集中しているときは背骨も伸びているという子どもたちの姿があった。よい姿勢を意識させるように，さまざまな場面で教師が声をかけていった。

②状況判断が苦手で自信がもてず不安を抱えている子への支援
・授業のパターン化
　授業の流れを定型化することで，この活動の次にはこの活動と，子どもにわかるようにすることが大事だと考えた。授業内容を，あらかじめ「メニュー」として黒板に書く場合もあった。
・ゴールの提示
　45分の授業の中に，「3回読みます」「10待ちます」，タイマーを使って「5分たったら終わりです」など，活動とそのゴールを細かく設定し，一つ一つ終わりを示すようにした。そうすることで，「ここまでしたら終われるんだな」とわかり，安心できると考えた。

③学力的に課題があり一度に多くのことを言われると混乱する子への支援
・指示は短く的確に
　指示は短く，的確に，子どもたちにわかる具体的な言葉を使っていくことを徹底した。たとえば「ちゃんとやりなさい」「しっかりやりなさい」「心を一つにしてやりなさい」など，目に見えにくい，わかりにくい言葉は極力使わないことにした。子どもたちが具体的な行動に移しやすい言葉

にかえて，話すことにした。

・視覚的支援や呪文の活用

　耳からの情報だけではうまく入らない子どもたちに，カードなどを使って目からの情報を補っていく支援をした。また計算の手順などは，「かける　かける　ひく　おろす」と，呪文のように何度も唱えることで，リズムとともに覚えていくように工夫した。

3　学校全体でのルールの共有へ

　このころ，入学前から医療機関にかかっている子どもたちが数人おり，発達障がいの困り感をもつ子どもも含めて，学年70人弱のうちの3分の1ほどの子どもたちが，さまざまに配慮（支援）を必要としている学年があった。この学年の子どもたちは，幼稚園のころには，教室からの脱出，座っていられない，園舎に向けて泥を投げつける，職員室の机の上に飛び上がるなど，小学校で言うなら「学級崩壊」の状況であった。

　小学校入学後，学校のルール，授業のルール（学習規律）を徹底して指導してきた。そして，前述のような取組みを毎日の授業で実践する中で，45分間の授業を集中して受けることのできる学級集団が育ってきていた。しかし，教師が少しでもその指導を変えてしまうと（手だて不足，見通しのないままの授業など），たちまちに子ども状況はマイナスに変化してしまった。学年が上がっても，授業のルールや子どもたちにあった指導方法を継続していく必要性があることを先生方は感じていた。

　そこで，翌年からは「授業と集団づくりの三原則（授業改革3原則）」を打ち出し，校内に定着させていった。その背景には，「さまざまに特性をもつ子どもたちがわかる授業は，すべての子どもたちがわかったと言える授業となり，さまざまに特性をもつ子どもたちが居心地のよいクラスは，すべての子どもたちが居心地のよいクラスになる」との信念と確信があった。

3 認識と方法を共有するシステムづくり

　どの子も45分間集中して授業に取り組む学習集団を創るために，山郷小学校では，平成17年から「授業と集団づくりの三原則（授業改革3原則）」を打ち出し，どの学年，どの学級でも，その部分は共通に指導することを全職員で確認していった。

1　授業と集団づくりの三原則（授業改革3原則）

（原則1）学習規律の徹底
　「学習規律の徹底」は，子どもたちに「みんなで学習して賢くなっていこう」という雰囲気を創るところからスタートした。「みんなで意見を出し合って勉強する」という意識や雰囲気を大切にし，「発言（意思表示）しなくても済んでいく」「勝手なことをしても済んでいく」と思わせないような学習集団づくりをめざしたのである。
　また，教職員間では，「学習規律があるからこそ子どもたちは安心して学習に取り組める」という共通理解をつくっていった。この中で，学習規律は低学年で徹底しておく，中学年・高学年では低学年で身につけた学習規律を尊重し，それを崩さないようにする，という6年間の見通しが担任の先生方に共有されていった。さらに，特別支援が必要な子どもは，学習規律にかかわるルールの変更や付け加えがむずかしい特性をもつこと，また，教師が気をつけていかなければ崩れるのも早い，という意識も共有されていった。
　さらに，授業では子どもたちが返事や反応する場面を大切にした。これは，みんなで勉強するという意識をもたせるうえで，とても大事なことであるという。「～さん」と呼ばれたときに，「わたしはここにいるよ。ちゃんと聞いているよ」という思いを込めて「はい」という返事をする。また，「わかりました」「待ってくれてありがとう」「わかりません。教えてください」など

の反応も,「一人で勉強しているんじゃない,みんなといっしょに勉強しているんだよ」という意識づけになっているのである。

前年に取り組んだ「姿勢の保持(座ったとき・立ったとき)を子どもに働きかける」「机上無一物」なども,すべての学級で,最低限,統一すべきこととして継続して実施した。

(原則2) リズムとテンポのある授業

授業がうまく成立しない学級では,特に,支援を必要とする子どもが早々に気が散ったり飽きたりしてしまい,中間層の子どもたちがそれにつられて,学級全体の学習意欲が低下していくという構造が見て取れた。そこで,以下のような方針を打ち立てて,全職員で共通理解をしていった。

> ①授業をパターン化し,意欲の高い子どもたちを中心に,授業の流れを徹底して仕込み,授業の軸を作る。
> ②中間層の子どもたちを,意欲の高い子どもたちの勢いに乗せていく。
> ③授業の流れに遅れがちだったり,前向きな雰囲気に乗り切れない子どもを担任と支援者の教師(T2)とで見極める。
> ④支援を必要とする子どものつまずきの特徴を早期に適切につかみ,その子の特徴にあった支援を授業の中で行う。この作業は,必ずT2と共に行い,専門機関の助言も授業に取り入れていく。

学習集団の構成を①～③のようにとらえることによって,また,担任が4・5月に何をすべきかわかるようにすることによって,「集団力動(働)」による学習集団づくりがめざされ,この取組みによって,山郷小学校では,多少,授業に集中できない子どもがいても,その子どもになびいていかない集団,ぶれない学習集団をつくることが可能になった。

(原則3) 一指示一動作のある授業

授業中に子どもたちが戸惑ったり,急にざわざわしだしたりするのは,

「今,何をするときかわからなくなった」ときである。たとえば教師が,「〜して,〜で,それで〜,あっ　そうそう〜」という具合に,一文が長い指示の仕方をしたときは,子どもたちのざわつきが顕著に見られる。

　そこで,子どもの実態に合わせて,いくつまで一度に指示を出してもよいかについて教職員で検討した。また,指示を出した後の子どもの姿もよく観察し,指示を出すタイミング,指示の内容についても吟味した。

　教師側の指示の出し方の工夫としては,文を短く,落ち着いてはっきりと(低い声で),まずは1回言って待つということをどの学級でも徹底した。早口や繰り返し,あいまいな表現,抽象的な言葉は極力発しない。また,教師が無表情で単調に話すと,子どもにとって退屈で,伝わりにくいようであった。そこで,教師自身の話し方,つまり抑揚や表情にも気をつけるなどの工夫を取り入れていった。

2　三原則に基づく授業の工夫

●発問を吟味し,答え方をパターン化する

　子どもたちに発問(教師が話す内容)の意図がしっかり伝わるかどうかを十分に吟味する。そして,「先生がこう聞いたら,こんな風に答えるよ」という方法を,あらかじめ子どもたちに例示しておく。何度も確認したり,軌道修正をしたりすることに,時間をとられないようにする。そのほかにも,指示や説明をするときは,例えば「今から3つのことを言います」と予告したり,「1分間待ちます。考えましょう」などとゴールを示す。活動の節目を明確にして,子どもが活動しやすくしている。

●授業展開のパターン化

　授業展開のパターン化とは,毎時間の授業に,ある程度固定した流れをつくるということである。先が読めずにパニックになってしまう子どもも,見通しをもって学習できる利点がある。

　たとえば算数の授業では,マス計算→一斉授業→課題学習(個別),国語

の授業では，音読を間に何度も挟み込むなどの流れをつくる。「パターン化」はおもに国語と算数で行い，あとは子どもに合わせて個々の教師や学年で工夫し，柔軟に対応している。

●授業の山場の設定

　パターンはあっても山場のない授業は子どもを退屈させる。「今日はここでうんと考えた」という思いを子どもたちがもてるように，本時のねらいをどこに置くのか，授業の山場を必ず考え，そこを中心にして，前後の流れを考えていく。

　国語なら，前時の復習はどうやってするか，子どもたちの思考を切らさないように場面をどこで区切るか，ねらいに迫るための発問をどうするか，そして音読をどのような形で配置していくかなどである。

　算数では，多くの学級が，授業の初めにフラッシュカードなどを用いて，テンポアップをはかりながら子どもたちの集中を高めていく場面を入れて，その後にみんなで問題をじっくりと考えあっていく場面をつくっている。そして最後には，プリント学習をして定着をはかる場面を入れるなど，子どもを飽きさせない授業の流れを教師が工夫して描いている。

●授業の流れに強弱をつける

　子どもたちの集中力が途切れないように，たとえば反復学習や音読の場面ではリズミカルにスピードをあげ，新しく学習する内容や考える場面では時間をかけてじっくり取り組むなど，授業展開に緩急をつけている。また，どの授業でも一斉読み（音読）を大切にしている。活動や授業場面の切り替えのとき，集中を高めたいとき，授業に全員参加している意識を持たせたいときに活用する。子どもたちは音読が大好きで，「。」で交代していくリレー読みや，自分の読みたい文章のときに立って読む「ぴょんぴょん読み（たけのこ読み）」を授業の中に取り入れている。

●カード・短冊を多用する

　板書による授業のテンポダウンを防ぐために，カードや短冊を活用する。特別な支援を必要とする子の中には，聴覚情報より視覚情報のほうが理解し

やすい傾向をもつ子も多く見られる。カードに書く言葉や色などがわかりやすいか，見やすいかなどにも配慮しながら工夫して作っている。
●学習プリントは手を加える
　授業で頻繁に使用する学習プリントは，支援を必要とする子にとって使いづらいものは拡大する，行間をあける，配置を変えるなど，その子に合わせたプリントになるよう個別に配慮している。

3　取組みの成果

　この取組みによる子どもの変化として，まず言えるのは，すべての学級で授業が成立するようになったということである。授業中に教室から飛び出す子どもはいなくなった。
　1年生の授業を覗かせてもらうと，教科書の持ち方，文章をなぞりながら読む，立ちあがるときには机の右側に立つ，挙手の仕方など，全員が行動できていた。また，机の位置については，床にビニールテープを貼り，一つ一つの机の位置をわかりやすいようにしていた。「テープの位置に机を合わせなさい」と指示すると，どの子もスッと整理することができて，「きちんと机を並べなさい」という抽象的な指示よりもわかりやすい。
　すっきりとした教室で，共通のルールを守りながら，今何をするべきかがわかる授業を見て，中には，これは「管理型指導」「教師主導型指導」ではないかといった見方をする人もいる。しかし，山郷小学校の三原則は，子どもを管理するための枠組みではなく，子どもたちがだれでも気持ちよく動くことができるための支援である。日常の学びの中に一定のルールを設けることで，細かい学習もいい加減にしないという姿勢が子どもにも教師自身にも身に付いてきている。Q-Uの結果からも，子どもたちの学校生活の満足度は大変高いことがわかる。

Q-U4群の比較（山郷小学校）

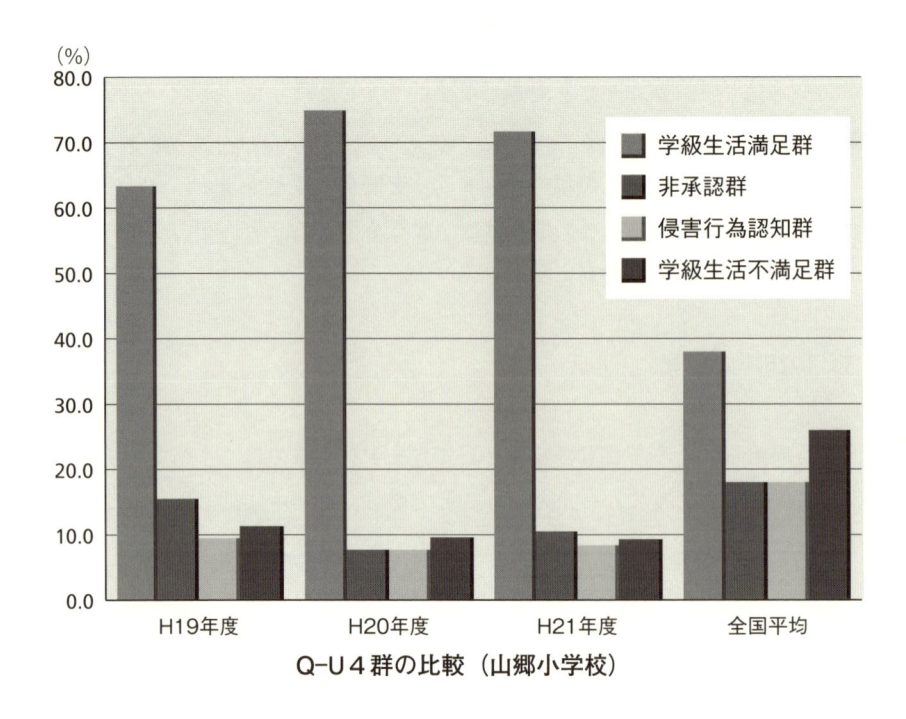

凡例：
- 学級生活満足群
- 非承認群
- 侵害行為認知群
- 学級生活不満足群

4　システムづくりのポイント

　山郷小学校が，さまざまに特性をもつ子どもたちを目の前にして，一人一人の子どもに視点を当て，一人一人の子どものニーズに合わせた学校教育づくり（授業づくり，集団づくり）を進めてきて，平成22年度で7年目になる。平成20年度には，NHKのクローズアップ現代の番組内で「才能を開花させよ～どう支える発達障がい児～」と題して授業づくりの取組みが紹介され，その年に行われた「山郷小学校特別支援教育研究報告会」には，県内外から多数の参観者が訪れた。

　山郷小学校が掲げる「授業と集団づくりの三原則」は，なぜここまで徹底され，うまく定着してきたのだろうか。

キーワードは「共通認識」

前述の「山郷小学校特別支援教育研究報告会」で指導助言を行った河村茂雄先生は，講演の中で次のように話した。──これからは，特別なスーパースター教師が単独で改革を推し進める時代ではない。教職員がチームとなって皆で変革を起こしていく時代である。山郷小学校は，何か特別なことをいろいろ取り入れて成果を出しているのではなく，ここだけは全学年でそろえようという約束，つまり最低限のルールを決めて教職員全体で取り組んでいる。先生方が共通理解（共通認識）をしあっている。「山郷小学校には，実践の中に共通認識がある」，これが理想だと思う。

この話は藤岡先生の心をつかんだ。藤岡先生は言う。──「共通認識」，これこそが山郷小学校の「学校力」となっていて，本校の強さはここにある。つまり，共通認識をもって取り組むことが，教育実践に多大なプラスの影響を及ぼすことを，山郷小学校の教職員全体が実感していたのではないか。さらに，「共通認識」はテーマや目標の共有だけにとどまることなく，「より詳細な具体的実践を共有することにまでいたる」ことを感じている。つまり，これまでは「山（教育目標）に登る道はそれぞれ教師の個性や教育信条・理念で違ってもよいが，到達目標は違ってはならない」と考えていた。しかし，「同じ山（教育目標）に登るのはもちろん，どの道を登ることが子どもたちにとっていちばんよいのかを徹底追及する」ことまでが，まさに「山郷小学校の追及する共通認識」である。そうでないと，山郷小学校では，担任による実践方法の違いが結果として子どもたちに混乱をもたらすことになり，一貫した実践の継続ができないという事態につながっていくのではないか。

こうした考えから，山郷小学校では「授業と集団づくりの三原則（授業改革3原則）」という形で学習のルールが全学年で統一され，担任によって実践方法が異なることがないようにされている。特別な支援を必要とする子どもたちを含む，多くの子どもたちにとって，学年や担任が変わっても同じ生活の仕方，同じ学習の仕方が継続して展開されることが大きな安心感をもたらしていると考えられる。

研修システム

　山郷小学校では，平成21年度に教職員の大きな異動があり，6年生を除く各学年で，2学級のうち1学級の担任がすべて転任してきた教師となった（新規採用初任者2名を含む）。それでも，いなべ市で伝統的に大切にされている授業研究などの中で，全職員がこれらのポイントを意識して，徹底的に研修を重ねることで，どの学級でも授業が成立し，子どもたちが着実に力をつけている。

　守るべきルールがはっきりしていることや，どの教師も同じ姿勢でいることで，多少羽目を外すことがある子どもたちの集団であっても，基本的には，「話を聞く」姿勢がとれるというのもいい姿になると考える。また，図工など作業を伴う授業においても，「先生わかりません」という声が教室に飛ぶことなく，それぞれの子どもが自分のすべきことを理解し，静かに授業に集中する姿が見られた。

　山郷小学校において校内支援体制とは，児童に対する支援体制ではあるだけでなく，教職員に対する相互支援体制でもある。困ったときに「困った」といえる職員集団，SOSが素直に出せる職員集団こそが，山郷の特別支援教育を創っていくことができると考えられている。

5　山郷小学校の実践を支えるもの

　山郷小学校では，一次的援助の充実のみならず，個別支援ニーズをもつ子どもへの二次的援助と三次的援助も手厚く行われている。支援ニーズの高い子どもたちが多いため，先生方の負担は相当なものであるが，もてる資源をフル活用して，対応できるシステムをつくりだしている。

子どもづかみ（原点）

　山郷小学校では，一人一人の子どもの姿を正確に的確につかむことを「子

どもづかみ」という言葉で表し，大切にしている。これは，子どもを大切にしたいという先生方の思いの原点であり，子どものための学校づくりのための原点でもある。そして，子どものどこに生きにくさがあるのか，どこでつまずくのかに気づき，学校生活や授業において，どんな支援や工夫をすれば，そこをクリアしていけるのかについて日々考えている。

また，「家庭といっしょに教育を進めていきましょう」という姿勢で，教師の日常の観察以外にも，保護者からの情報を得ることも大切にしている。保育所との引き継ぎもていねいに行い，途切れのない支援を構築する。必要があれば医療などの専門機関からも情報を得る。このように多様な角度から情報を集め，子どもを客観的にとらえ，決して担任の主観だけで判断してしまわないようにしている。

Q-Uや標準学力検査（CRT・NRT）などのテストも，教職員のこれまでの経験と現在の観察だけに頼らず，子どもたちの心の奥底にある子どもたちの思いをつかんでいくために重要だと考えて活用している。

平成22年度からは，子どもたちの学習状況をより詳細につかむために，学習基礎能力を調べる「サポート調査」もスタートさせた。①各種調査に基づいた子ども状況の把握と実践，②その実践の検証のための再度の調査という流れに位置づけられており，その実践のベースは特別支援教育に置かれている。

特別支援教育運営委員会（組織）
山郷小学校の中には，おもに特別支援学級の授業に携わるメンバーで構成された「なでしこ部会」と，おもに通常学級での特別支援教育にあたるメンバーで構成された「支援者部会」があり，その中心に，「ききょう委員会（特別支援教育運営委員会）」が置かれている。

ききょう委員会のメンバーは，校長，教頭，特別支援コーディネーター，特別支援学級担任，スクールサポーター，介助員，各学年代表，養護教諭である。これらのメンバーが月に1回集まり，子どもの姿を交流しながら「ど

こに支援を厚く置くべきか」を検討していくことで、通常学級と特別支援学級の境目をなくし、子どもの実情に合わせた柔軟な対応を実現している。

校内システムの運営は、校長・研修主任・特別支援教育コーディネーターが中心になり、特別支援コーディネーターの役割は三人の教師で担うことで、仕事量を分散させ、教職員の異動によるシステムの維持にも対応している。

職員の話題の中心が、一日中子どもたちの話だということは、山郷小学校の自慢の一つである。山郷小学校では、システムのみに頼るのではなく、日常場面でも教職員が多くの情報交換を行っている。子どもたちについての主な情報交換の場所はやはり職員室で、休み時間や放課後に、よく子どもの話がされているそうである。

複合的支援のできる授業形態

子どもの姿をいろいろな角度からつかんだうえで、授業には5つの支援の形を取り入れ、子どもの実態に応じてそれぞれの方法を適用している。

担任支援	T2はつかず、支援を要する子どもに対して、担任がほかの子どもより配慮して、注意深く見守っていく。子どもの特性に合わせて、座席を配慮したり、全体指導の後に個別指導も行ったりする。
集団支援	T2が学級内にいる複数の子どもに支援を行う。特に算数の時間にT2を配置して、集中支援や学習支援を行っている。支援者が効率よく動けるよう、担任（T1）は机の配置なども考える。
個別支援	特別支援学級の子どもが通常学級で授業を受ける場合や、特に支援を要する子どもの授業場面でT2がそばに寄り添って、集中支援や学習支援を行う。
通級支援	特定の時間、児童が通級指導教室に通って受ける支援である。山郷小学校内に、いなべ市のLD等通級教室（スマイルルーム）が設置されている。「通級による指導」とは、障がいの状況がそれぞれ異なる児童に、個別指導を中心

	としたきめ細かな指導を行うものである（在籍は通常学級籍であり，他校からも通うことができる）。本校に設置の教室では，学力的な支援のほかに，情緒面での困難をもつ子どもたちに対してソーシャルスキルを学ぶ支援も行っている。
なでしこ支援	特別支援学級在籍の児童に対して，特別支援学級担任や支援員などが行う指導や支援である。学習面のみならず，生活面，そして家庭との連携を通した家庭面での支援も必要となる。

授業における優先順位の確認

山郷小学校ではティームティーチングが日常的に行われているが，その中で「T1は一斉授業，T2は支援」という風に，授業での役割を明確に分担することを校内で共通理解している。

T1は一斉授業に集中し，指導を行っている途中に個別支援にまわることはしない。これは授業が中断され，他児童を待たせてしまうと，授業のテンポがくずれてしまうためである（P126参照）。T1が授業を行っているときの個別支援は，すべてT2が行う。授業後，支援を必要とする子どもを中心に，授業中の子どもの姿をT1とT2で交流し，そこで出された改善点は次の授業に活かしている。T2の気づきをもとに，T1は授業を改善していくことにもつながっている。

また，T2がいないときや，学級担任が一人で行う授業の際には，担任は個別支援が必要な子どもたちに「配慮はするが，深入りはしない」というスタンスで接することを学校全体で確認している。集団には，学習に自ら取り組める意欲の高い子どもたち，周りの雰囲気に流される中間層の子どもたち，支援を必要とする子どもたちの3つがある。中間層の子どもたちが前向き層の子どもたちの雰囲気にのってきていない状態で，担任が個々の子どもに対応してしまうと，放っておかれた子どもたちが意欲を失って騒ぎ出し，ここから集団が崩れてしまう。そこで，このような場合，担任は，「子どもたち

の安全が守られている」ならば，個別支援の必要な子どもを目の端で捉えて配慮しながらも，全体の指導に集中する。集団全体が前向き層に固まり，10分や15分，担任が目を離しても崩れない雰囲気ができてきたら，担任は一人一人へ個別対応をしていく。

　これはつまり，中間層の子どもたちへの働きかけを大事に考えていることを意味する。集団が崩れれば，すべての子どもにとっての学習環境が悪化してしまう。いっぽう，中間層の子どもたちを前向き層にそろえることができたら，それは特別支援が必要な子どもたちにとっても，見習うべき見本ができたということである。山郷小学校では，このように集団の力動を意識して授業を展開することで，学習集団をつくっている。

　リーダーシップの取り方

　学校に新しい取組みが入ってくると，とかくそれ自体に振り回されることが多くなるが，山郷小学校では一貫して「子どもの声を聞く」という考え方の基盤を守り，それに位置づくものだけを利用してきた。だからQ-Uなどの調査も，子どもの声を客観的に知るためのツールとして，先生方に積極的に活用されている。藤岡先生は，「どの方法が子どもに適しているのかは，子どもを見て話し合えば，おのずと回答がみえてくる」と言う。特別支援教育といえば個別支援ばかりがクローズアップされていた時代から，「ユニバーサル化をめざした授業づくり」にいち早く取り組んできたのも，子どもの声を聞き，「すべての子どもの立場」にたてば，授業づくりを中心にするしかないとの判断がおのずとあったためである。

　山郷小学校では，教師の対応が「子どもにとってどうか」「子どもたちが満足感や充実感をもって生き生きと生活することにつながっているか否か」という観点から，常に話し合いがされてきた。この地道な話し合いの積み重ねを通して，教職員の共通認識や共通の行動様式がまとまってきたのである。

第3章　学校の視点から

第2節
紀北町立紀北中学校の取組み

【紀北中学校】

　紀北町は，三重県南部に位置し，世界遺産紀伊山地の霊場と参詣道（熊野古道）ツヅラト峠，始神峠，馬越峠などを有する自然豊かな地域である。おもな産業は水産・林業である。近年は過疎化・少子高齢化が最大の課題であり，特に周辺漁村部の人口の減少が激しく，ここ十数年では隣接する尾鷲市を含めて，中学校4校が休校・廃校となっている。研修主任（当時）の奥田秀紀先生にお話を聞いた。

1 紀北中学校の課題と取組みの全体像

　紀北中学校では，過去に荒れを体験した反省を生かし，小規模校ならではのきめ細やかな学習指導を子どもたちに行ってきたが，教師数の削減によりそれが立ちゆかなくなった。不登校や不登校傾向の生徒の援助にも力を入れて取り組んできたが，その背景には多種多様なものがあり，有効な手段が見いだせずにいた。生徒は人と交わることが苦手であったり，他人に自分の考えや気持ちを上手く伝えられなかったり，集団にうまく適応できなくなると自己否定に陥ってしまいがちで，自己肯定感の低さが課題としてあることが考えられた。

　このような状況を目の当たりにして，先生方に共通の危機感はあったが，具体的な方法がない状態であった。そこで，「集団づくり」の必要性に目を向けた校長のリーダーシップによってQ-Uが導入された。時を同じくして始まった県の「問題を抱える子ども等の自立支援事業」を受け，そこでの推進会議でスーパーバイズを受けながら，校長と研修主事が中心になって，校

内のシステムをつくっていった。後述するように，紀北中学校の特徴は，取組みの内容と時間を絞ってミニマムに取り組むことで，先生方の共通理解と行動をうまくつくりだしていった点にある。

2 前段階

少人数習熟度別授業でのきめ細やかな学習指導

それまでの紀北中学校では，選択教科の英語・数学で基礎と発展（習熟度別）の2コースを開設するなど，少人数授業（1クラス14〜15名）を展開して成果を上げてきた。生徒アンケートでも，授業に対して「質問しやすい」「説明に集中できる」「意見が間違っていても，それほど恥ずかしくない」等の意見が多く，少人数授業はおおむね好評であった。さらに，3年生の習熟度別授業で基礎コースにベテラン教師を配置し，10人未満の生徒で授業を行ってみると，これまでの単純少人数授業では意欲が感じられなかった生徒も積極的に発表・発言をするなど，意欲が高まり，習熟度別授業に抵抗感をもっていた教師も，それを推進するほどになった。また，生徒指導上の課題をもつ生徒にも手厚くかかわることができるのも，効果的であった。

しかし，紀北中学校ではこの5年間，学年3学級という実学級は変わっていないものの，平成17年度と比べて教師数は6名減少し，少人数授業・習熟度別授業で培った実績を生かすことはむずかしくなった。また教師数の減少は，学年部経営や部活動指導にも支障をきたすようになった。

学級づくりの充実による，学力向上

紀北中学校ではこのころから，年度ごとの教師数や生徒数によって大きく変えなければならない少人数授業よりも，真に生徒に「確かな学び」を保障するためには，もともと少人数学級であることを生かし，その基本集団である「学級」に目を向けることが必要なのではないかと考えるようになり始め

た。授業の効果を上げるためには、生徒の人数だけでなく、授業者の指導力や生徒の学習意欲も重要な要素であることも先生方は感じ始めていた。

　加えて、このころの課題の一つが、不登校および不登校傾向の生徒がなかなか減少していかないことであった。スクールカウンセラーや地域の支援センターの指導を受けながらも、目に見える成果があがらず、週1回の生徒指導部会は、各学年の不登校生徒の情報交換にほとんど終始するほどであった。1年生からの長期欠席で、復帰に時間がかかっているケースも抱えていた。

　このような状況の中、前校長の川口高徳先生は、少人数学級の成果と課題、不登校の未然防止の課題の解決をどう図るかを検討していた。当時のことについて、次のように述べている。

　――「学級満足度調査 Q-U」のことを新聞で読んだことを思い出し、県教委主催の研修会に研修担当（当時）の奥田秀紀先生を派遣した。研修担当からは、興味深い・やってみたいとの感想を得た。そこで、当初は学校独自でQ-Uを実施してみようと計画していたところ、町教委から県の「問題を抱える子ども等の自立支援事業」があることを紹介された。町教委からは実施の条件として、①「中学校区（小学校含む4校）」で事業を受ける、②Q-Uを年に2回実施する、③問題行動（暴力行為・いじめ・不登校）の未然防止、早期発見、早期対応の観点からの効果的な取組みを模索する調査研究であると説明があった。そこで、自ら中学校区の小学校長に図り、事業を実施することにした。

　紀北中学校では、以下の仮説に基づいて取組みを行った。

仮説　居心地のよい、満足度の高い学級集団を作り、安定した気持ちで、学習意欲を高めさせることが、問題行動、特に不登校の未然防止につながるだろう。そしてさらに、学習面でも「確かな学び」を保障するだろう。

3 取組みを広めていく段階

　当初、紀北中学校、校区の3つの小学校ともに、Q-Uについて理解している教職員はほとんどいなかった。そこで、1回目のアンケートを6月に実施した後、結果をもとに校内研修会を実施した。
　県の推進会議で講師の河村先生から学んだことを、校長が中心になって校内研修会で全職員に還流し、職員の意識を変換させながら、生徒の承認得点を高める取組みを行っていった。実際に取り組んでみると、学校生活の基本集団である「学級」に目を向け、しっかりとしたルールの下で、生徒と教師、生徒同士の人間関係（リレーション）を高め、安全・安心の「学級」をつくることは、教師として最も重要な役割になるのではないかと先生方は考えるようになっていった。

職員の同一行動目標の設定と確実な実行
　平成19年度当初、Q-Uの結果、紀北中学校では「かたさのある学級」が多く出現しており、子どもたちの承認感にばらつきがあることが理解された（P152参照）。そこで、取組みの目標を生徒の承認感を高めることに絞り、全校で一斉に取り組んだ。具体的には、「承認感を高める強化月間」として下記の統一目標を設定し、全職員で目標達成に向けて行動した。

①「あいさつ運動」をこれまで以上に強力に展開する。これまでもずっと取り組んできた「あいさつ運動」を強化するために、まず教師から生徒へ声をかけることを基本とし、さらに、できれば各生徒への一声を添えてあいさつすることを心がけた。
②始業3分前には職員室を出て、始業チャイムを教室で聞く。チャイム着席を、生徒だけでなく、教師自ら守ることを意識して取り組んだ。
③一日に3人以上、生徒のよい行動やまじめな取組みの様子等を帰りの

> 学活で紹介し評価する。生徒の様子をよく見て，それを言葉にすることを習慣化するように取り組んだ。
> ④3回以上は，生徒に「ありがとう」と言う。お礼を言うことよりも，「ありがとう」と相互に言える場面を意図的に設定することをねらいとした。
> ⑤全学級で取り組んでいる「学習ノート」の取組みを強化する。学習ノートをよく読んで生徒のよい面を見つけ，それを一人一人に伝える機会とした。

 一つ一つの取組みは小さなことであるが，子どもの承認感をあげるためのポジティブなかかわりが学校生活全体の中に具体的に散りばめられ，どの教師も取り組みやすい形で共有されていることがポイントである。

行事を活用して，生徒の承認感・満足感を高める

 その年の2学期初め，県の推進会議に参加した校長と研修主事は，講師の河村先生から「学校行事を通して，生徒の承認感・満足感をどう高めていくか」という話を聞き，指導を受けた。行事は子どもたちの承認感を高めるための格好の場となる。勉強が苦手な生徒も，ムカデ競走やリレー，応援看板の作成等で自分の得意分野を発揮しクラスのヒーローになることができるからである。紀北中学校では，ちょうど体育祭の練習が始まろうとしていた。紀北中学校では，例年2学期に体育祭・文化祭の学校行事が行われ，学級対抗で大きな盛り上がりを見せる。
 体育祭を通して，より子どもたちに認め合いや達成感を味わわせるために，次の2点に全職員で意識的に取り組んだ。

> ①各学級を「やる気」にさせる目標と「学級」としての行事に取り組む目的を生徒に強く意識させる。
> ②クラスの裏方を担う「ヒーロー・ヒロイン」を探し，積極的に相互評

価し合うこと。つまり、体育祭そのものが「エンカウンターのエクササイズである」の認識を教職員全員がもって取り組む。

　１年生のフォークダンスでは、体育祭に入る前に、学年全体で意識づけのためのVTR『みんなで跳んだ』（岩波映像株式会社）を見せ、勝敗よりもクラス全体で取り組むことの大切さを確認した。また、生徒一人一人に体育祭を通して学級に貢献したという思いをもってもらうために、役割を詳細に分割し、一人一役を与えた。このことにより、普段は活躍の場が少ない生徒も、活躍できる場を設定することができた。体育祭終了後には、それぞれの場面で活躍した生徒を相互評価する活動も行った。

　２年生は、組み立て体操を行ったが、最初やらされている意識を強く持っていた。しかし、苦労しながら達成できていく喜びや感激を徐々に得て、自分たちの力で成功させよう、よいものを作りあげようという意識に変化していった。これには、男子のリーダー的存在の生徒の影響が大きかった。練習中、何度か、達成した瞬間のうれし涙を見せたり、男子生徒の拍手を受けて女子生徒が助け合い、励ましあう姿があった。それまで、教師が言わなければしなかったことを、生徒自ら進んでできるように育ってきた。

　３年生は、学校の伝統的な出し物となっているエイサーに挑戦した。集団舞踊の美しさ、激しさを表現させるため、手の動作、足の上げ方まで細かく指摘・指導を繰り返し、教師の思い・願いを根気強く訴えながら３年生としての意識や意欲を高めた。本番ではみんなで一つのことをやり遂げる喜びや、高い評価を得た達成感を味わい、感動することができた。

　体育祭当日は、すべて生徒が真剣に頑張る姿が地域・保護者に大いに評価され、大成功に終わった。１年と３年の学年種目にはアンコールの声がかかり、本番に失敗してしまった２年の組み立て体操の女子ピラミッドも、最後に生徒から「もう一度」の声が上がり、何回かの挑戦で成功させて終わることができた。

　教師たちは、これまでも経験則で感じていたことではあったが、体育祭な

どの取組みを通して，行事の事前事後の指導や見取りも含めて，学級づくりにおける行事のもつ重要性を改めて確認することができた。そして，行事への取組みでは，必ず「成果が出て，評価することができる」ところまで，教師が見通しをもって計画を立て，そのための徹底した取組みを行う必要があることを教職員で共通理解しあった。

また，川口校長は，行事での生徒たちの姿を見て，取組みや成果の継続を図る必要があると思ったという。つまり，生徒が「上の学年を見て育つ」意識を維持していくことが重要だと考えたのである。

平成19年の成果

このような取組みの結果，その年の第2回目のQ-Uでは満足群が10％増加したことが明らかになり，成果が表れたと考えられた（P150参照）。

生徒会を活性化させる

取組み2年目は，子どもたちの承認感を高める取組みを継続しながらも，学校生活に安全・安心の雰囲気をより高めるために，生徒会を前面に出して，新たな学校生活のルールづくりを行った。この取組みでは，学校全体にルールが守られる雰囲気をつくりだすとともに，それらが各学級で自主的に徹底されていく流れにしたいというねらいがあった。

まず生徒会本部役員会が案をつくり，それを生徒総会で全校に提案して，各執行委員会・生徒議会の承認を受けた。現在，紀北中学校の各階には，次のような「みんなのためのルール」が貼り出されている。

「みんなのためのルール」
- みんなで大きな声であいさつして，明るい学校にしよう。
- 授業中は先生の話をしっかり聞き，学習を充実させよう。
- 交通ルールを守り，自分の命を大切にしよう。
- 掃除はチャイムで始め，みんなで学校をきれいにしよう。

- 次の人が気持ちよく使えるように，トイレのスリッパはきれいに並べよう。
- 図書室では，まわりの人の迷惑にならないよう静かにしよう。

　ルールを貼り出す際には，「〜してはいけない」ではなく，「〜しよう」という呼びかけの言葉にするよう工夫した。人から守ることを強制された「きまり」ではなく，生徒一人一人が気持ちよく生活するための「みんなのためのルール」として定着させたいと考えたためである。

　生徒会では達成度を自己評価する取組みも計画し，前期生徒会が最後の仕事として，「みんなのためのルール」の遵守状況の自己評価を行った。その結果は「できている」「どちらかといえばできている」の割合が80〜90％で，高い割合でルールを遵守することができたことがうかがわれた。

　このような取組みを重ねることで生徒会活動も活性化していき，後期生徒会選挙は，定員6名の選挙に対して11名が立候補する激戦となった。選挙活動も例年以上に盛んで，立会演説会は緊張感の高まりの中で行われた。立候補者は「あいさつ運動」「学校を今以上によくしたい」等の訴えを繰り返し，後期生徒会も前期生徒会の取組みを受けて，みんなのためのルールづくりに取り組んだ。

平成20年の成果

　このような取組みを受けて，平成20年度は1回目のQ-Uから満足群が60％となり，年度後半ではさらに7％も増加した（P150参照）。

4 システムづくりの段階

校内研修の充実

　校内研修は，年に数回行われる県の推進会議(「問題を抱える子ども等自立

支援事業」）に校長と各学年1名のQ-U推進委員が参加し，Q-U開発者である河村茂雄先生（早稲田大学教授）の講演を聞いた後，学校へ戻って校内研修および研修部会へ還流する形で行った。また，推進会議では，河村茂雄先生に直接指導も受け，学校としての取組みを評価してもらった。

さらに，曽山和彦先生（名城大学准教授）に，連続講座として3回の校内研修を依頼した。内容は，①Q-Uに関するもの，②エンカウンターに関するもの，③校内システムの構築にかかわるものである。研修では，Q-U活用の具体的効果や，満足度尺度と生活意欲尺度からの具体的対応（学級分析の仕方，データの読み取り方），エンカウンターの具体例，活動意欲得点アップ具体的対応例，具体的学級の分析方法とK-13法など，即実践に結び付く具体的な内容のものを取り入れてもらった。特にエンカウンターのワークショップは教師たちに好評で，実際1年生では6月に実施，3年生でもスクールカウンセラーの指導で学年全体でのエンカウンターを実施した。

研修・情報交換の機会を確保するためのシステムづくり

校内にQ-U推進委員会を組織し，各学年部に担当者1名を置いて，学年の先生方に分析の仕方を伝達したり，学年間の取組みを交流したりする役割を担ってもらった。また各学年のQ-U推進委員は，時間割のゆるすかぎり，県の推進会議にも直接参加するようにした。これにより，推進会議で聞いてきた内容を，各学年に直接還流できる仕組みを確保した。

また，校長と各学年のQ-U推進委員で行う研修会の時間を，毎週金曜日の4限目に設定した。各委員の空き時間をそろえ，Q-U推進委員会の時間を時間割上に確保したことにより，研修・話し合いを途切れることなく定例化して行うことができた。この時間は，各学年の取組み状況を交流するとともに，今後の実践の方向について確認し，担当者がそれを学年部に持ち帰って拡大するというサイクルをつくった。

学年部では，月1回以上Q-Uデータを持ち寄って，学年部研修を実施した。ここでは，大胆にも，あまり時間をかけすぎないことに重点が置かれた。

拘束時間が長くなると,「Q-Uを導入したために忙しくなった」という愚痴がどうしても出てくるからである。「学年部のアセスメントは月に1回以上, 1時間以内」というルールを決めて集中して協議を行った。また, 生徒の支援については, 副担任, 養護教諭, 部活動顧問とも連携し, 必要に応じて組織的に対応するようにしていった。

学級経営の中で特に力を入れたこと	1A	・大きなあいさつ, しっかりした返事 ・教室の整理整頓, 落ち着いた教室空間を意識した掲示物またその貼り替え ・ONE FOR ALL　ALL FOR ONE
	1B	・あいさつをしっかりやった(特に朝と帰りのあいさつは, 生徒より先に担任自ら大きな声で行った) ・コミュニケーションをとった(特にふだんあまり目立たない生徒や, その時々に元気のない生徒に) ・環境美化に心がけた(特に掲示物や黒板等について)
	1C	・けじめをつける。(掃除後はすぐに教室に戻りSTの用意など) ・ロッカーや掲示物などの整理整頓(教室の環境を整える) ・行事ではクラス全員が団結して取り組む
	2A	・仲間のよさに目を向けることを常に言い続ける ・掃除の時間, できるだけ生徒と共に雑巾がけをする

Q-Uを活用した学級経営　成果と課題整理シート
(平成22年, 抜粋)

ていねいなアセスメントと指導の評価

　紀北中学校では, Q-Uアンケートの結果について, 学級ごとに出力される一覧表を見るだけでなく, 生徒一人一人の回答について, 項目をていねいに読み取ることを大切にしている。生徒の学習状況や, 教師・学級等について生徒がどのように感じているのかを理解につなげることが目的である。また, それをもとに, 個別の生徒に対する言葉のかけ方, 指導の仕方を工夫することで, より効果的な実践が行われている。

また Q-U を年2回実施し，指導の成果がねらいどおりであったかどうかについて，結果を確認することにきちんとつなげている。それによって，どのような取組みが，どのようなタイプの生徒に効果的なのかが，学校として明確になっている。
　例えば，非承認群にいる生徒に対しては，全職員の共通理解の下，休み時間や授業時において各教師が意識的に声をかけるようにしている。また，学級や部活動の中で，生徒に個別の役割をもたせるように心がけ，みんなの前でほめる機会を多くする中で承認感の向上をめざしている。
　また，侵害行為認知群の生徒に対しては，まず個別相談により，その原因となっていることを取り除くようにしている。周囲からいやがらせや悪ふざけを受けている場合などは，相手の生徒に対して個別指導を行ったり，学級の問題として全員に投げかけ，子どもたちに解決策を問うこともある。
　紀北中学校では，Q-U を「いじめ発見アンケート」としても活用しており，「クラスの人から無視されるようなことがある」や「学校に行きたくないときがある」等の質問項目にチェックをつけてきた生徒に対しては，アンケート実施日から3日以内に個別相談を行い，その回答の真意について聞き取り，迅速に対応に移れるようにしている。

不登校対応の研修
　いっぽう，不登校の生徒への理解を深めるために，夏季休業中に「児童の不登校と引きこもりの意味すること・その対応」の演題で，臨床心理士の志村浩二先生を迎えての研修会を実施した。
　研修では，「友人とのトラブル」「学業成績のつまずき」「いじめ」など，生徒が不登校になったきっかけ要因に対して学校として十分に配慮していかなければならないこと，さらに，人権教育，エンカウンターによる人間関係づくり，過剰適応の生徒に対する配慮等で，要因そのものをできるだけなくしていく対応も必要であることが確認された。
　これは，紀北中学校の取組みがねらうものと一致する部分も多く，生徒の

承認感を高め，リレーションを強化しようとする現在の取組みは，不登校対策としても間違いないという確信を教職員に与えることとなった。

　管理職のリーダーシップ
　奥田先生によると，紀北中学校では当初，川口前校長の強いリーダーシップのもとに，Q-Uの導入が行われたという。平成19年度当時，奥田先生が研修担当となったときも，Q-Uに関する部分についてはほとんど校長が自ら動いていた。実践に対する熱い思いを語り，Q-Uの結果が届くと，知らない間に全職員数分を印刷し，おまけに製本までして配布してくれた。このことにより，全職員が全クラスのデータを共有することができた。校長が，教職員の仕事を常に陰から支えていたのである。
　ほかにも，川口先生は，とにかくよく動いてくれる校長だったという。例えば，休む先生があると，「俺，授業行ったるわ」と，校長自ら補欠授業に積極的に出かけていった。ときには授業の課題プリントまで準備してくれていた（ちなみに担当は理科である）。3年生の補習授業にも進んで出てくれた。学校がいつも"花いっぱい"だったのも校長のおかげである。花作りが好きで，四季折々の花を学校に咲かせてくれていた。校長室にいることは希で，たえず花壇の手入れ，花の苗作りをしてくれていた。休みの間もほとんど毎日学校に来て，花壇の手入れ，花の水やりをしてくれていた。また，学校のグランドが荒れてくると，黙々と除草作業やグランド整備をしてくれた。こんなエピソードは数え切れない。
　紀北中学校の教職員は，もともと職員のチームワークがよく，「川口ッァン」と校長をとても慕っていた。そんな校長の背中を見つつ，Q-U導入に関しても「川口ッァンがそう言うのなら仕方ないな～」という思いで受け入れられていったようである。

5　成果と課題

1　Q-Uにみる取組みの成果

　紀北中学校では，生徒や教師の生活や学習の基本単位である「学級」の充実を目指し，一方で学年づくりや学校づくりの視点も含めながら，実践を進めていった。3年間継続して実践した結果を以下に述べる。

学級生活満足群の変化

　取り組みを始め，回を追うごとに満足群の人数比が増加している。平成19年度の1回目に比べると，平成20年度の2回目には満足群が20％も増加している。

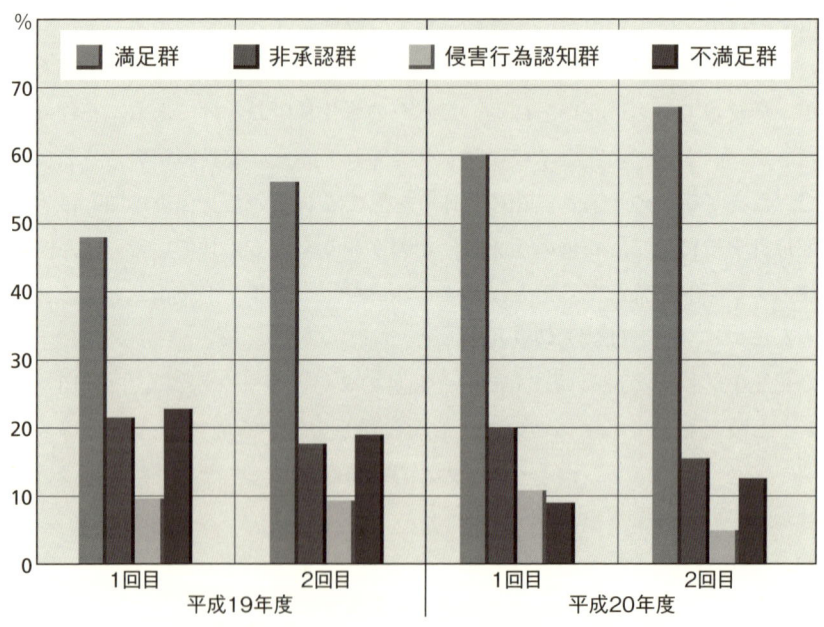

学級満足度尺度による4群の出現率（紀北中）

承認得点と被侵害得点の変化

承認得点については，毎年全国平均を上回る高い水準を維持しつつ，年度の後半ほど得点が上昇している。

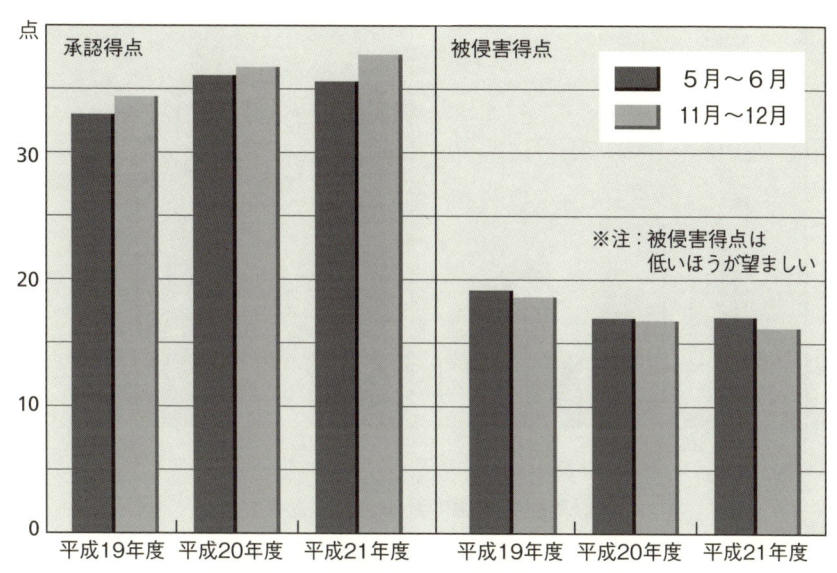

承認得点と被侵害得点の変化（紀北中）

学級状態の変化

次ページのグラフのように，取組み初年度の平成19年度は，満足型の学級が1クラスであったのに対し，平成20年度は5クラスに増加している。また，平成19年度には，ゆるみ，荒れ始め，拡散型の学級も見られたが，平成20年度は，満足型，かたさのみの分布となっている。

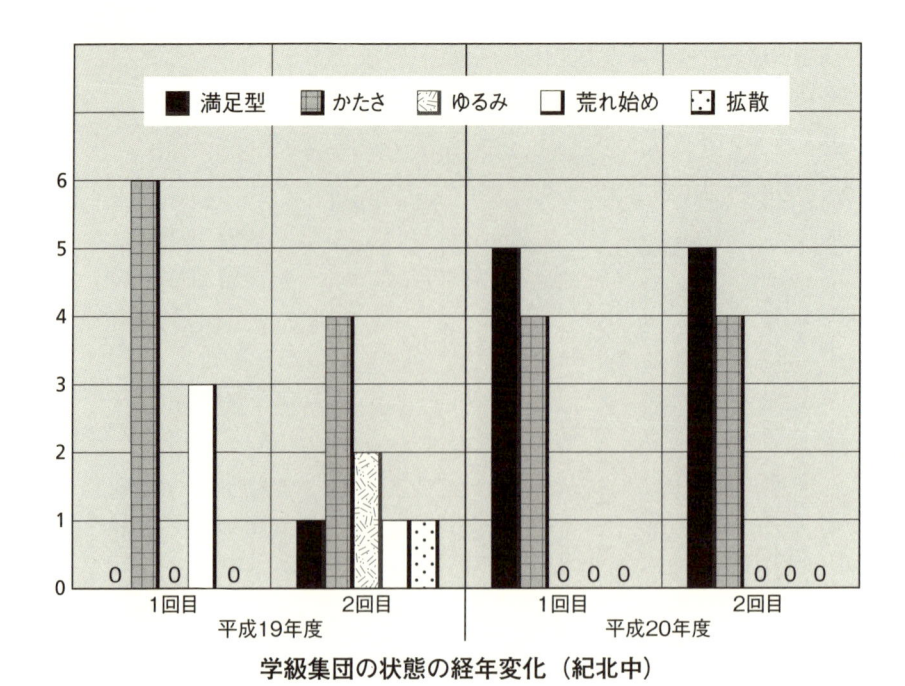

学級集団の状態の経年変化（紀北中）

2　これからの課題

　取組み全体を振り返り，川口先生は，次のように述べている。
　――紀北中学校の取組みにおいては，不登校生徒数に減少が見られ，一定の成果が出ているといえるだろう。不登校生徒の発生と学級満足度は大いに関連のあることは誰もが認めるところだが，集団が高まれば，不登校が必ずなくなるということではない。その生徒の育ち・性格・思考性等も関係していて，不登校をなくすことはそう簡単ではない。だからこそ，子どもたちを「登校障害」にさせない教師側の取り組みも，どうしても必要であると考える。
　また，現在の紀北中学校最大の課題として「学習意欲の向上」があげられる。Q-Uの学校生活意欲プロフィールを見ると，生徒たちの「学習意欲」

はここ数年，年度を経るごとに上昇している。さらに1年間の中での変化を見ると，学年の後半で得点が増加している。とはいえ，めざましい「学習意欲の向上」とまではいたっていない。生徒の学習意欲の向上につながることを意図して，学校生活の中心である授業を充実させ，生徒の学力を伸ばすための授業研究を継続して行っていくことが，これからの我々の最大の課題であると認識している。

参考文献
○紀北中学校の取組みについて　奥田秀紀先生の資料
○川口高徳前校長レポート
　「問題を抱える子ども等自立支援事業」（Q-Uの取組みを通して）

学校緊急支援におけるQ-U活用例——潜在不満足児童の発見と支援——

　本コラムでは，Q-Uを使った学級崩壊へのサポートの中で，いじめが発見された小学校の事例を紹介する。SCやSSWの専門性がいくら高くても，児童生徒との人間関係ができていないところで，短期にその不満足要因を聞き取ることは困難である。アンケートの結果がいじめ早期発見のきっかけになり，中学校における不登校の未然防止にも役立ったと考えられる事例である。

1．問題の状況
　ある小学校では，6年生の学級で，授業に関係のない会話を大声でする児童や，教科書を開いているものの授業を聞いていない児童がいて，教師たちが学級経営に困っていた。授業を参観した複数の保護者から，県教育委員会として支援はできないかとの情報提供があった。県教育委員会では，当該学校と町の教育委員会からの要請も受けて複数の指導主事を派遣し，授業参観を行った。また指導主事の観察と，教師への聞き取りによって，次のことがわかった。

(1) 学級環境アセスメント
・極めて小人数の学級であるが，集団のルールが確立されていない。
・児童に大きな荒れは感じないが，大きな声での私語や手遊び等で，授業に集中できていない男児が5名程度（学級児童数の三割程度）いる。いずれも登校は毎日しており，学校生活は楽しいようだ。
・学級内に4～5名のグループが3つ（家が近い者同士）と，グループと距離をおいて行動している女子2名が存在している。
・授業に参加していない男子グループと，2名の女子は居住地域が同じ。

(2) ケース会議と支援方法
・学校長をはじめとする全教師，県教育委員会の指導主事，学校で教育相談経験のあるSSWで構成されたメンバーで，ケース会議を行った。
・これまで児童は学級集団での不満足を言葉で語れなかった状態が長く続いた

COLUMN

水谷明弘

と考えられることから，児童に対する教育相談は，アンケート法（Q-U）を実施したあとに行うことを決めた。

(4) Q-U アンケートの実施結果
- 満足群は，授業に参加できていない男児5名中，中心的児童の3名であった。
- 授業に参加できていない男児の残りの2名は，侵害行為認知群であった。
- 他のグループと距離をおいている2名の女児は，要支援群であった。
- その他の児童は，学級生活不満足群と非承認群であった。

(5) 要支援群の緊急教育相談の実施

Q-Uの結果を参考にしながら，SSWが児童へのていねいな聞き取りを実施したところ，これまで本人からも保護者からも不満足の訴えがなかった女児2名から，いじめを受けている状況が語られた。加害者の男児グループと家が近く，保護者の職場も同じことから，心配をかけまいと言い出せなかったのである。女児らには数回のカウンセリングを実施し，保護者にも報告を行った。

(6) 保護者と連携してとった学校の措置
- 授業に参加できないグループのリーダー格で，いじめ加害の中心だった男児2名は，転校して新しい環境で立ち直り支援を行うことが望ましいと保護者との共通理解にいたり，別々の学校に転校。転入先の学校と保護者の連携により，SCの教育相談を継続して受けるとともに，個別対応も含めて教師から遅れていた学習を指導を受けた。概ね半年で立ち直りができた。
- 女児2名については，継続してカウンセリングを実施していった。
- 学級集団育成についてはQ-Uを活用し，教頭と新担任を中心に，指導主事の指導助言を受けながら実践。

(7) その後と考察
- 女児2名は転校した男児2名と一緒の中学校へ進学したが，現在も中学校でも元気よく生活を送っている。

第4章 おわりに

1 これからの管理職，教育委員会に求められる役割

　第1章第3節で述べた教師たちの一部に見られた取組みへの抵抗感は，マネジメントにおけるこれからの学校管理職や教育委員会の隠れた役割を，浮き彫りにしたと考えられる。なぜならそれらの教師たちの抵抗は，教師たちの日々の多忙感や学校教育現場の閉塞感が背景にある，と考えられるからである。
　「日々忙しいのに，また新たなことに取り組まなくてはいけないのか」
　「どうせやっても変わらないよ」
という教師たちの言葉に代表されるものである。
　これは，「学習性無力感」という心理学の概念で説明することができる。つまり，学校現場の中には「学習性無力感」に陥っている教師たちが少なからず存在している，と私は思う。
　セリグマン（Seligman, M. E. P）とマイアー（Maier, S.）は，イヌの実験を通して，避けられない苦痛刺激を連続して受け，「何をやっても自分では対処できない」「自分は無力である」と学習してしまうと，その後は自発的な行動に対する動機づけが低下するという学習性無力感の考え方を提起し，無気力状態が学習されることを指摘した。
　最初に失敗体験を繰り返したり，自分の行動と望ましい結果との間に関連

性が見出せなかったりして，自分の行動によってよい結果が得られるという期待をもつことができない状態が続くと，その思いは未来の同様の事態に対してまで一般化されてしまい，将来の学習や活動にも意欲がもてなくなるのである。

　つまり，現在やる気のない教師が，もともと性格的にやる気が乏しい，だめな教師であるとは断定できないのである。やってもやっても効果が出ない現状や，自分の努力が何に結びついているのか実感がわかない仕事を続けていると，どんな教師でも，徐々に教育実践に対して無気力になってしまう，ということが考えられるのである。そして，そういう教師たちが多く存在する学校では，学校全体の教育実践が停滞してしまうということなのである。

　これを図で表すと次のようになる。

○教師たちが多種多様な多くの仕事を抱える
　　　　　　＋
○取組みに対する賞賛が得られない
　取り組んだ内容に対する成果が実感できない

↓

学習性無力感
　・頑張ってもたいして効果はない，やるだけ無駄だからやらない
　・教師一人の力ではたかが知れている

↓

○具体的に評価を受けられそうなことだけを，とりあえずやる
　やったという形だけを取り繕う

↓

無力感が学校全体に広がる

↓

教育実践の停滞した学校が生まれる

これからは，学校管理職や教育委員会の隠れた役割として，このような教師たちの学習性無力感を予防する取組みが，切に求められてくるだろう。「指示を出せば，役割のもとに教師はしっかりやるだろう」はもはや通用せず，教育実践に向かう教師たちのモチベーションをどう喚起し，どう維持していくのかという，具体的な手法をもったリーダーシップを発揮することまでが，切に求められるのである。さらに，その前提として，学校全体の教師たちの仕事量を勘案して，オーバーワークにならないような，そして学校全体の教育力が最大限に発揮できるような戦略（ストラテジー）を立てることがリーダーとして不可欠であろう。

2 これからの管理職，教育委員会がとるべきリーダーシップ

　したがって，これからの学校管理職，教育委員会がとるべきリーダーシップの骨子は，次の図のようになるだろう。

> ①教師たちの仕事内容を整理し，やるべきことをランキングして，必要度の高いものはしっかりやることを明確にする
> ＋
> ②取り組んだことに対するプラス面の評価を確実に行う
> 　取り組んだ姿勢・努力したことを賞賛する

↓

学習性無力感の打破
・自分の行動が望ましい結果，手ごたえにつながる

↓

自分の行動によってよい結果が得られるという経験を重ねる

↓

○教育実践全体に**教師各自の主体的な取組み**が見られるようになる

新しい国から指示された仕事だからなどと，ただ右から左へ教師たちに伝えて，実行をせまるようなスタイルでは，リーダー失格ということである。「あれもこれも，子どものためだからすべてまじめにやりなさい」という形では，教師たちはどんどんやる気を失っていく。

仕事量は増え続けていても，一度にできることは限られているから，必ず現場の教師たちの仕事量を勘案し，仕事内容に優先順位を定めて，「これだけは確実にやっていこう」という形で提案していくスタイルが，これからのリーダーには求められる。そのためには，類似した取組みは一緒に行い，アウトプットの段階でテーマに沿ってまとめていくという形をとるなど，取り組む内容と取り組み方について学校全体の戦略（ストラテジー）を立てる力をつけることがリーダーに求められる。

三重県教育委員会の取組みも，暴力行為や不登校などの生徒指導上のさまざまな問題に対して，それぞれに対応を打ち出すのではなく，最大公約数の学級経営に絞ってアプローチすることで，一つ一つに成果を出していったのである。

以下に，ストラテジーを立てるために必要なポイントを２つあげる。

①アセスメントを行う方法論をもつ

戦略（ストラテジー）を立てるためには，アセスメント（情報を集めて分析し，対応方針を定めること）能力が求められる。地域や学校の実態，子どもたちの実態，教師たちの実態を，だれもが納得できる形で適切にアセスメントを行い，現在地をきちんと確認し，そのうえで無理のない目標（目的地）を定め，現在地から目的地に行くためのハードルを，スモールステップで，教師たちに提案していくのである。

図示すると次ページのようになる。

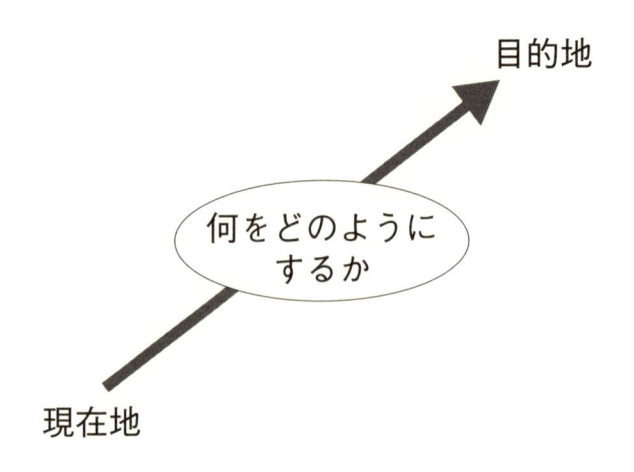

```
        目的地
       ↗
  ╭─────────╮
  │ 何をどのように │
  │   するか   │
  ╰─────────╯
 ↗
現在地
```

　これからの学校管理職，教育委員会は，アセスメントするための方法論を具体的にもっていなければならないだろう。したがって，子どもたちの現在の実態を把握するためのアセスメントのツールを，少なくとも一つは有していなければやっていけないと思う。
　今回，三重県教育委員会の取組みで用いたQ-Uも，アセスメントのための有効なツールの一つである。推進会議では，その結果を共通の指標として話し合い，毎回戦略（ストラテジー）を立てていったのである。

②認め合い・高めあう教師チームづくり
　モチベーションをあげるためといっても，取組みの中で，管理職や指導主事がすべての教師に対してプラスの評価を行っていくことは物理的に無理がある。やれたとしても適切な時間や量を確保できないだろう。
　今回の三重県教育委員会の取組みで，当初から大きな成果が見られたのは，学校全体で組織的に取り組んだ学校のみであった。そういう学校の教師組織には，内部作用として次の点が生じていた。

> ○Q-Uを活用すると教育実践が展開しやすいという便利さを、教師たちが感じ取った
> ○教師各自の学級経営を教師チームで支えあう安心感をもつことができた
> ○Q-Uを活用する本取組みが自らの教育実践の向上につながるという実感をもつことができ、教師たちは学校全体のこの取組みを、自主的に取り組むようになった

つまり、「認め合い・高めあう教師チーム」が、教師たちを学習性無力感に陥らせないような、学校全体に広がらせないような作用を生んでいたのである。教師同士がお互いのがんばりを認め合い、取り組み方を工夫し合えるような教師組織の内部作用が、教師たちが学習性無力感に陥らないシステムを作り出し、それが教育実践全体に教師各自の主体的な取組みがみられるようになる原動力になったのである。

これからの学校管理職や教育委員会は、認め合い・高めあう教師チームを各学校が形成できるような支援を、積極的に展開していくことが求められるのである。

そのためには、認め合い・高めあう教師チームづくりの方法論を磨いていくことが求められる。それは特別のことではなくQ-Uによる学級集団づくり（ルールとリレーションを集団内に同時に確立していくこと）が、そのまま、教師チームの形成にも役立つと思う。なぜなら、Q-Uのめざす学級集団は、親和的な感情交流があり、建設的な切磋琢磨がある集団だからである。

あとがき

　日本の学校教育は,「学習指導」と「生徒指導」がその両輪となり,「学級という集団」が単位となって展開されることが特徴です。したがって,学級集団の状態の如何は,教育の成果にとても大きな影響を与えるのです。

　私の従来の教育研究での関心は,①教育力の高い学級集団は,児童生徒たちにどのような教育効果をもたらすのか,②教育力の高い学級集団を育成するために,教師はどのような取組をすることが求められるのか,の2点が主でした。

　今回の三重県のプロジェクトに関与させていただくなかで,教育力の高い学級集団を育成するためには,学校組織のあり方,さらに学校組織を支える地域の教育委員会のあり方が,とても重要であることを痛感しました。そして,「すべての児童生徒に一定レベルの教育を保障する公教育の使命」の重要性を感じました。教育を受ける児童生徒に,大きな学級差,学校差があってはならないと思うのです。

　そう考えると,学校組織の問題はとても重要です。児童生徒の教育は,特定の教師に委ねられているのではなく,○○学校という学校組織に委ねられているからです。児童6年間の小学校教育,生徒3年間の中学校教育を,各学校はどのように保障していくのか,そのためにどのような学校組織のあり方が求められるのか,という戦略が,各学校には切に求められると思います。さらに地区の教育委員会には,児童生徒一人ひとりの義務教育9年間の教育効果を,どのように個々の学校に関わりながら保障していくのかという視点の重要さをあらためて感じました。

　三重県の学校ごとのQ-Uデータを長期間にわたって見ていくと,次のことがわかります。大きく落ち込んだ学級がなく,校内の学級間に差が少ないなかで,一定レベルの取組みを維持している学校が,やはり高い教育成果を

出しているという事実です。そして，そのような学校では，先生方の組織として，一定の学校システムが成立しているという事実です。野球でたとえれば，1年間のペナントレースを制するのは，剛速球をもち20勝するエースピッチャー，ホームラン王の4番バッターを中心としたチームよりも，地味でもみんなが2割7分の打率を維持し，10勝確実のピッチャーを数人抱えるチームではないでしょうか。きちんと戦略を共有して，チームプレーに徹することができるメンバーが揃っているチームの方が，最終的には高い勝率を上げて，ペナントレースを制するのです。

　数人の能力の高い教師に依存しているような学校組織は，もろい組織なのだと思います。これからの学校教育は，児童生徒たちの確実な実態把握をもとに，より高い教育成果につながる教育内容，そしてそれを具現化するための方法論を明確にし，それを教師たちが共有し，確実に一つ一つの教室の中で実践していく，一人ひとりの仲間の教育実践を教師相互に支えていく，このような学校組織，教師たちのチームプレイが求められるのだと思います。

　三重県のプロジェクトに参加させていただいて，私自身，学ぶことが多くありました。結局のところ，児童生徒たちの学校生活が充実するには，よい仲間や学級集団が必要であり，教師が充実感をもって確実な教育実践を続けていくためには，よい教師仲間や学校組織が必要なのだ，ということを実感できたことが大きかったです。

　忙しい現状の中で，絶え間ない試行錯誤を続けている学校の先生方，教育関係の方々にとって，本書が教育実践を展開するうえでのたたき台になれば幸いです。最後に，本書を出版する機会とたくさんの支援をいただいた，図書文化社出版部の渡辺佐恵さんに，感謝の意を表したいと思います。

　　2011年5月
　　　全国各地で，確実でひたむきな教育実践を続けている
　　　多くの先生方にパワーをもらいながら

河村茂雄

平成14年秋，三重県の公立学校の暴力行為発生率が全国ワースト1位を記録しました。特に中学校での発生が著しく，その対策が急務となりました。教員のスキルアップを図り，器物損壊は減少しましたが，体感治安として影響が強い対教師暴力や生徒間暴力はなかなか減少しませんでした。そこで，専門的知識をもつ人材で組織されたチームを派遣して学校緊急支援を行った結果，2年目の平成18年度から対教師暴力と生徒間暴力に減少が見られました。そもそも，安全配慮措置（犯罪性のある事案は警察と連携）と立ち直り支援の両面を，同時に，学校だけで行うということ自体無理な話です。学校は生徒に勉強や部活動等を行うのが本務であり，教師はその道のプロですが，外部の不良集団とつながって学校で暴れる生徒の対応のプロではありません。支援チームの成功事例が知られるにつれ，県への派遣要請も増加し，徐々に学校が安全になっていきました。

　平成17年，私が当時勤務していた部署に新しい指導主事が赴任しました。彼は「Q-Uという心理テストがあり，いじめや不登校の把握が容易にできる，また暴力行為の未然防止にも役立つ」と自信をもって言います。早速，開発者である河村茂雄先生に講演を依頼しました。しかし，Q-Uに興味をもつ教員はいても，それを活用した学級経営にまでは至りませんでした。発想を転換し，回り道でしたが，市町教育委員会の指導主事をQ-UやSSTの指導者として養成していきました。結果は，大成功。現在多くの市町が予算化してQ-Uを活用した学級経営を行い，暴力行為，いじめ等の問題行動や不登校の未然防止に成果を上げています。豊かな経験と鋭い観察力を備えた教員には，Q-Uを使ってのアセスメントは必要ないと思いますが，教員間の協働性を育むための共通のツールとして極めて便利なものだと思います。

　河村先生をはじめ，多くの先生から知的支援と励ましを受けた三重県では，今後，ますます居心地がよく，ほっとできる学級・学校が増加し，次の目標である学力の向上につながっていくものと確信しています。終わりに，三重県の取組みを全国に発信してくださった図書文化社に感謝いたします。

三重県立四日市高等学校長　　水谷明弘

NPO実証心理教育研究所は，県や市町の教育委員会や，研究指定を受けた学校からの委託を受け，先生方が行った教育実践や実態調査に関わるデータに心理統計分析を行い，効果の検証を行ったり，効果につながる有効な手立てを解明したりしています。私はその事務局を任され，心理統計分析の主担当をしています。

　平成19年に三重県教育委員会からも委託を受け，1年ごとの実践の効果測定のために分析を行うことになりました。

　三重県では，年を追うごとにその成果が向上し，分析していて率直にすごいなと感じました。とくに，4年目の調査分析で気づいたことは，成果を上げた学校では，調査開始前（4～5月）の段階で，すでに良好な学級集団育成のためにルールとリレーションの形成を意識した取組みを行うなど，スタートダッシュの強化がなされているということです。さらに，Q-Uで第1回目の調査結果が得られた後（5～6月）には，すぐに先生方が集まって検討会を行い，現在行っている取組みの効果を確認し，今後の対応の方針を練っていました。このような方法は，すべての学校で活用できると思います。

　また，調査データの活用という視点から三重県教育委員会の取組みを見ると，結果をフルに活用し，成果と今後の課題を共有し，年度当初に学級経営を計画的に，しかも校内の全教師で確認しあう，このサイクルの定着が鍵となってくると思われます。

　今回，河村茂雄先生のスーパーバイズのもと，三重県教育委員会の調査分析担当として携わらせていただき，大変光栄に思います。また，お忙しいなか，お話を聞かせいただき，豊富な資料をご提供いただいた三重県の先生方，途中，私の異動により完成が進まなかったところをていねいに編集してくださった図書文化社の渡辺佐恵さんに心より感謝申し上げます。

武蔵由佳

編著者紹介

河村茂雄　　　　　　　　　　　全体編集／序章，第1章，第4章，コラム執筆

早稲田大学教育・総合科学学術院教授。博士（心理学）。筑波大学大学院教育研究科カウンセリング専攻修了。公立学校教諭・教育相談員を経験し，岩手大学助教授，都留文科大学大学院教授を経て，現職。日本教育カウンセリング学会常任理事。日本カウンセリング学会常任理事。日本教育心理学会理事。論理療法，構成的グループエンカウンター，ソーシャルスキルトレーニング，教師のリーダーシップと学級経営について研究を続ける。「教育実践に生かせる研究，研究成果に基づく知見の発信」がモットー。著書：『教師のためのソーシャル・スキル』『教師力　上・下巻』（誠信書房），『若い教師の悩みに答える本』（学陽書房），『学級崩壊　予防・回復マニュアル』『学級担任の特別支援教育』『学級づくりのためのQ-U入門』『データが語る①～③』『学級ソーシャルスキル』［共編］『日本の学級集団と学級経営－集団の教育力を生かす学校システムの原理と展望－』（図書文化）ほか多数。

武蔵由佳　　　　　　　　　　　　　　　　　　第2章，第3章，コラム執筆

盛岡大学文学部児童教育学科　助教　上級教育カウンセラー，学校心理士，臨床心理士。公立中学校・私立高校の相談員，都留文科大学および早稲田大学非常勤講師を経て，現職。著書は，『Q-Uによる学級経営スーパーバイズ・ガイド』（共編，図書文化）ほか。

水谷明弘　　　　　　　　　　　　　　　企画協力／P24～27，コラム執筆

三重県教育委員会生徒指導健康教育室室長（実践当時），三重県立四日市高等学校校長（現在）

森　憲治　　　　　　　　　　　　　　　企画協力／P30～31，コラム執筆

三重県教育委員会生徒指導健康教育室充指導主事（実践当時），いなべ市立員弁中学校教頭（現在）

■取材協力

いなべ市教育委員会
　片山司先生（現いなべ市教育研究所所長補佐）
松阪市教育委員会
　青木俊幸先生（現松阪市教育委員会主幹）
名張市教育委員会
　山村浩由先生（現三重県教育委員会・生徒指導健康教育室充指導主事）
いなべ市立山郷小学校
　藤岡玉樹先生（現いなべ市健康こども部発達支援課調整監）
　近藤弘美先生（現いなべ市教育委員会学校教育課指導主事）
　安藤ひろみ先生（現いなべ市立阿下喜小学校教頭）
紀北町立紀北中学校
　川口高徳先生（現紀北町教育委員会）
　奥田秀紀先生（現三重県教育委員会・生徒指導健康教育室充指導主事）

教育委員会の挑戦
「未然防止への転換」と「組織で動ける学校づくり」

2011年7月20日　初版第1刷発行　［検印省略］

編著者	河村茂雄©
協　力	三重県教育委員会
発行人	村主典英
発行所	株式会社 図書文化社
	〒112-0012　東京都文京区大塚1-4-15
	Tel. 03-3943-2511　　Fax. 03-3943-2519
	振替　00160-7-67697
	http://www.toshobunka.co.jp/
装　幀	(株)加藤文明社印刷所
組版・印刷	(株)加藤文明社印刷所
製　本	合資会社 村上製本所

乱丁・落丁の場合はお取り替えいたします。
定価はカバーに表示してあります。
ISBN978-4-8100-1590-4　C3037

河村茂雄の本

● Q-Uを知る

学級づくりのためのQ-U入門
A5判　本体1,200円

Q-U実践講座
CD-ROM（Windows用）　本体4,000円

**Q-Uによる
学級経営スーパーバイズ・ガイド**
小学校編・中学校編・高等学校編
B5判　本体各3,000円（高校のみ3,500円）

●学級経営の基本と原理

Q-U式学級づくり
小学校（低学年／中学年／高学年）・中学校
B5判　本体各2,000円

集団を育てる学級づくり12か月
A5判　本体1,800円

学級崩壊　予防・回復マニュアル
B5判　本体2,300円

**Q-Uによる
特別支援教育を充実させる学級経営**
B5判　本体2,200円

**ここがポイント
学級担任の特別支援教育**
B5判　本体2,200円

●学級経営の体系的理解

日本の学級集団と学級経営
A5判　本体2,400円

●ルールとリレーションを育てる方法の実際

**いま子どもたちに育てたい
学級ソーシャルスキル**
小学校（低学年／中学年／高学年）・中学校
B5判　本体各2,400円（中学のみ2,600円）

**グループ体験による
タイプ別！学級育成プログラム**　小学校編・中学校編
B5判　本体各2,300円

●学級に応じた最適の授業

授業づくりのゼロ段階
［Q-U式学級づくり入門］
A5判　本体1,200円

授業スキル　小学校編・中学校編
B5判　本体各2,300円

**学級タイプ別
繰り返し学習のアイデア**　小学校編・中学校編
B5判　本体各2,000円

●確かなリサーチ

データが語る　①学校の課題　②子どもの実態　③家庭・地域の課題
A5判　本体各1,400円

公立学校の挑戦　小学校編・中学校編
A5判　本体各1,800円

図書文化

※定価には別途消費税がかかります。